dtv

Sie sehnen sich nach Luxus? Nach etwas, das nur wenige haben? Nach etwas, durch das Sie sich von der Masse abheben? Dieser Luxus heißt einfaches Leben. Er erscheint so begehrenswert, daß Sie dafür sogar Opfer bringen würden. Opfer, die sich letzten Endes als Gewinn erweisen. Eva Gesine Baur schreibt über die verschiedensten Aspekte des einfachen Lebens und kommt immer wieder zu dem Schluß, daß beim einfachen Leben nicht Askese gemeint ist, sondern kluge Auswahl, auch bei der Erwartung an das eigene Leben und an das der anderen. Mit Ironie und Witz legt sie Schwächen und Irrtümer frei und zeigt Wege der Befreiung. Diese Art der Neu-Orientierung gibt Lust am Leben und einen ungetrübten Blick auf die Welt rundum.

Dr. Eva Gesine Baur hat Germanistik, Kunstgeschichte, Musikwissenschaften und Psychologie studiert. Sie lebt als freie Autorin in München, schreibt Bücher zu psychologischen und kunsthistorischen Themen und verfaßt Beiträge für Zeitschriften und fürs Fernsehen.

Eva Gesine Baur

Der Luxus
des einfachen Lebens

Über Kosten, Risiken und Nebenwirkungen
eines simplen Rezepts

Deutscher Taschenbuch Verlag

Von Eva Gesine Baur sind im
Deutschen Taschenbuch Verlag erschienen:
Feste der Phantasie – Phantastische Feste (36101)
Der Reichtum der einfachen Küche:
Italien (36040); Frankreich (36041); Spanien (36042);
Deutschland (36043); Österreich (36044); Schweiz (36045)

Originalausgabe
Februar 1999
© Deutscher Taschenbuch Verlag GmbH & Co. KG,
München
Umschlagkonzept: Balk & Brumshagen
Umschlagfoto: © Henri Cartier-Bresson
(© Magnum, Paris/FOCUS)
Satz: Fotosatz Amann, Aichstetten
Gesetzt aus der Bembo 10,5/12˙
Druck und Bindung: C. H. Beck'sche Buchdruckerei,
Nördlingen
Gedruckt auf säurefreiem, chlorfrei gebleichtem Papier
Printed in Germany · ISBN 3-423-08475-8

INHALT

Einfach geht nicht so einfach:
eine Vorwarnung
7

Der Luxus, weniger zu besitzen
27

Der Luxus, Zeit zu haben
49

Der Luxus, gesund zu leben
71

Der Luxus, weniger zu vermissen
87

Der Luxus, weniger zu erwarten
103

Der Luxus, weniger zu wollen
121

Der Luxus, weniger verfügbar zu sein
139

Der Luxus, weniger zu müssen
153

Der Luxus, weniger zu glauben
167

Konzentrat des einfachen Lebens
185

*Für Ginky, die mich dazu brachte, dieses Buch
zu schreiben*

ACHTUNG
Kontraindikationen: Dieses Produkt sollte nicht
eingenommen werden bei Ironie-Unverträglichkeit.
Nehmen Sie in diesem Fall bitte nur auf einmal
die Seiten 185 bis 191 zu sich.

So einfach könnte es sein,
wie ein Reim,
wie ein müheloser Kuß,
Voraussetzung ist,
daß man Arbeit und Werte
neu verteilen muß.

Günter Herburger, Vergnügen

Einfachheit zu predigen, ist Sache der Geistlichen.

Denn die tun sich leicht.

Viele Schwierigkeiten kennen sie einfach nicht.

Und viel Besitztümer dürfen sie auch nicht kennen.

Wer heute Geistlicher wird, hat's trotzdem nicht leicht.

Die Entscheidung riecht nach schlechten Schulnoten, sexueller Verklemmung oder einer Frömmigkeit, die von Skateboards und Inlineskatern aus schwer zu verstehen ist.

Wer katholischer Geistlicher werden will, hat's erst recht schwer.

Aber es gibt einen geistlichen Traumberuf. Er bringt sattes Geld ein und Prominenz, er fordert keinerlei Ausbildung oder gar Studium, vor allem nicht die geringste Entsagung. Das System der Exerzitien wird dort insofern übernommen, als sich an abgeschiedenem Ort unbehelligter missionieren läßt.

Der Talar dieser Geistlichen ist zwar auch meistens schwarz, partiell weiß, aber die Anschaffungskosten für einen von ihnen reichten aus, um eine ganze Klosterbesetzung neu auszustaffieren.

Für diese Geistlichkeit gibt es kein Zölibat und keinen Vorgesetzten – jeder erklärt sich selber zum Papst und natürlich für unfehlbar. Und das Schönste: Sie alle dürfen ungestraft Ablaß kassieren von den Gläubigen.

Zeitgeistliche nenne ich diesen beneidenswerten Berufsstand.

Egal, wie sie sich selber bezeichnen: Sie haben viel gelernt von den echten Glaubensbrüdern.

Sie verkünden, ihre Lehre brächte das Heil und die Erlösung von allen Schwierigkeiten. Dazu müsse nur nachgebetet werden, was sie vorbeten. Während die alttestamentarischen Zehn Gebote jedoch ein Vorschriftenkatalog von nahezu unbefristeter Gültigkeitsdauer zu sein scheinen, setzen sie auf kurzfristige Gebote. Denn nur wenn das Verfallsdatum ihrer Weisheiten so haltbar ist wie das Tausendjährige Reich, ist was verdient.

Das System haben sie natürlich sorgsam abgekupfert von den Geistlichen, denn das bewährt sich ja schon eine Weile. Es macht Sinn, den Rat- und Trostsuchenden zu versprechen, wer sich erst mal willig und widerspruchslos in die Hände der Geistlichkeit begäbe, für den erledigten sich alle übrigen Probleme ganz von alleine.

Die zentrale Frage der Menschheit, »Woher kommen wir und wohin gehen wir?«, steht im Mittelpunkt des Interesses bei den Geistlichen – das teilen sie immerhin mit den Naturwissenschaftlern. Bei den Zeitgeistlichen ist es dieselbe Frage, nur daß sie mit »wir« sich selbst und ihre Altersversorgung meinen und daß sie nur an dem Teil der Menschheit interessiert sind, der zahlungskräftig ist.

Wie geht Erfolg und Karriere? hieß dessen wichtigste Frage in den 80er Jahren.

Zeitgeistliche wußten die Antwort, zu erfahren in ihren Büchern, ihren Vorträgen oder Seminaren. Oder in jener finanziell hocheffektiven Form der Seelsorge, die sich Coaching nennt.

Weit überlegen sind die Zeitgeistlichen den normalen Geistlichen natürlich durch einen ungeheuren Vorteil. Sie sind keineswegs an einen festen Glauben gebunden. Im Gegenteil: der stünde ihrer Berufsausübung sogar im Wege. »Sobald die glauben, was ich ihnen erzähle«, offenbarte der Zeitgeistliche Gerd Gerken über seine Anhänger, die wir ebenfalls mit Fug und Recht Schafe nennen dürfen, »glaube ich an etwas Neues.«

Das ist zukünftig gedacht. Zeitgeistliche produzieren ihre eigene Glaubensgemeinschaft. Und damit die weiterwächst, brauchen sie nicht die Pille oder das Kondom zu verbieten, nur das kritische Denken zu sabotieren.

Einem echten Zeitgeistlichen geht es nur darum, *daß* viele an ihn glauben, aber nicht weswegen. Ihm geht's ja nicht um Überzeugungen. Überzeugungstäter sind in seinen Augen hoffnungslos anachronistisch.

Ein Zeitgeistlicher muß einfach flexibel sein. Er muß die Kunst beherrschen, auf den Zug der Zeit aufzuspringen.

Darin ist er dem berühmten jüdischen Dorfdeppen Chojsek vergleichbar:

Gerade, als der berühmte Rabbi wegfahren will aus dem Dorf, entdeckt ihn der Chojsek. Er springt in dessen Kalesche und setzt sich neben ihn. Der Rabbi sagt ihm, er solle aussteigen. Aber der Chojsek bleibt sitzen und sagt: »Rebbe, fahren wir doch zusammen. Ihr versteht nicht warum? Wie ihr wißt, läuft mir die halbe Welt nach, weil ich meschugge bin, und euch läuft die halbe Welt nach, weil sie meschugge ist. Wenn wir gemeinsam fahren, haben wir die ganze Welt hinter uns.«

Zeitgeistliche machen es genauso. Ganz ungeniert nutzen sie kluge Ideen für ihre Zwecke. Locker bedienen sie sich im großen Angebot der Philosophie wie in einem Supermarkt. Mal bei den Hopi-Indianern, mal bei den Zen-Buddhisten, mal bei den Schamanen.

Die zentrale Frage der Karrieregeschädigten, die sie mit all ihren Strategien und Tricks für Sieger, ihrem Zen für

Winner, ihren Mantras für Überflieger geboren haben, hieß seit den späten 80ern und in den 90ern folglich: Wie geht Glück?

Das Rezeptangebot enthielt durchaus Seriöses von Außenstehenden, wie Czikszentmihaliys ›Flow‹ und Geniales, wie Watzlawicks ›Anleitung zum Unglücklichsein‹. Aber offenbar waren diese Bücher wie viele Gebrauchsanleitungen zu schwierig in die Praxis umzusetzen, denn jetzt fragen die Sucher schon wieder nach etwas Neuem.

Jetzt fragen sie auf einmal alle: Wie geht das einfache Leben?

»Geht ganz einfach«, sagen die Zeitgeistlichen nun.

Was der Einfachheit im Weg stehe, sei Ballast. Und wer von irgend etwas zuviel habe, was ihn belaste, möge das einfach ausmisten und schon sei er frei wie Hans im Glück nach dem Verspielen sämtlicher Besitztümer.

Zeitgeistliche, die so etwas in die Welt setzen, haben zu Recht Geheimnummern und geben ihre Privatadressen nicht preis. Andernfalls müßten sie nämlich ihr hart verdientes Geld in Bodyguards investieren, die sie vor der aufgebrachten Gemeinde schützen.

Immerhin haben sie erkannt, daß »einfach« einfach gut klingt. So problembereinigt und unbeschwert – wie ein Kuß, sagt Herburger zu Recht.

Einfaches Leben?

Da sehen wir ein herrlich schlichtes Haus mit geraden schlichten Möbeln, eine unversehrte Natur rundum und ein paar wenige, ganz wichtige Bücher im Regal. In der einfachen Schale auf dem einfachen Holztisch liegen einfach ein paar Äpfel. Und an dem Tisch sitzt ein glücklich liebendes Paar, das mit sich und der einfachen Welt ringsum im Reinen ist.

Allerdings ist fast jedem klar, daß diese Vision mit der Wirklichkeit so viel zu tun hat wie ein Hollywood-Film. Und eigentlich kann keiner so genau sagen, was »einfach« meint.

Das ist nicht mal einem so großen Geist wie Karl Jaspers

gelungen, der einigermaßen verzweifelt bemerkt hat: »Einfachheit ist von unendlicher Deutbarkeit.«

Die Propheten des einfachen Lebens, die wie Propheten heute üblicherweise von der amerikanischen Westküste kommen, machen sich aber nicht die Mühe, über die Einsicht eines Karl Jaspers nachzudenken, sie machen es sich lieber einfach. In der Meinung, jedes simple Modell sei auch genial einfach.

Davon kennen sie auch viele, nur eines kennen sie im allgemeinen nicht: das einfache Leben.

Meistens kennen sie nicht mal die Versuche, ein Leben einfacher zu gestalten.

Wozu sollten sie auch. Sie haben ja alles im Griff.

Fliegen in ihr Zweithaus nach Florida in einem garantiert von African Americans bereinigten Villenviertel, und dort schreibt sich's ganz einfach vom einfachen Leben. Es fließt, nein es perlt aus dem Computer wie der Champagner aus der Flasche. Kleine, handliche Bestseller wie ›Simplify Your Life‹, ›Inner Simplicity‹ oder ›Living The Simple Life‹ versprechen schon durch ihr Format und mit durchnumerierten Patentrezepten, daß das mit dem einfachen Leben im Crashkurs zu lernen sei. Zu schreiben ist es das jedenfalls.

Aber bitte: kein Neid. Diese Leute haben es wahrhaftig nicht einfacher.

Auch die Propheten der neuen Bescheidenheit, denen im Maserati die besten Ideen kommen, haben es nicht einfach. Und selbst die europäischen Kollegen der amerikanischen Zeitgeistlichkeit verdienen keine Mißgunst, wenn sie, Bekehrungseifer im Herzen, die Bestsellerlisten im Blick, das schreiben und reden, was die Leute gern lesen und hören wollen.

Jetzt zum Beispiel die Einsicht, das Heil liege in der Befreiung vom Zuviel.

Auch Zeitgeistliche, die nie etwas gehört haben von den mythischen Taten des Herkules, denen die Legende nicht bekannt ist, wie Herkules die Ställe des Augias reinigte, indem

er nämlich einfach zwei Flüsse umleitete, die den Dreck raus-
schwemmten, empfehlen einen Großputz nach exakt diesem
System.

Allerdings ohne ihn praktiziert zu haben. Aber es leuchtet
ihnen und den Lesern ein, daß radikale Maßnahmen zügig
durchzuziehen und daher sinnvoll sind.

Herkules hatte genauso wenig Zeit zu verplempern wie
jeder vielbeschäftigte Mensch heute. Er dachte sich seine Patentrezepte allerdings selber aus, während der vielbeschäftigte
Mensch sie kauft.

Nach Erwerb eines Patentrezepts, ob in der hermetischen
Eso-Ecke oder im kosmopolitischen Coaching-Shop getätigt,
ist der Kunde freilich oft verärgert, denn er stellt fest, daß er
auf eine derart simple Idee auch von selber gekommen wäre
und daß an der Stelle, wo's drauf ankäme, leider jeder nähere
Hinweis fehlt. Keiner verrät nämlich, was mit den Flüssen gemeint sein könnte, die zum Ausmisten nach dem Vorbild
Herkules benötigt werden.

Trotzdem, wie gesagt: kein Neid. Den Patentrezept-Erfin-
dern geht es nicht besser als ihren Adepten. Sie wissen auch,
daß die Abschaffung des Zweitfernsehers und der Entschluß,
sich zwischen Dunkelblau und Schwarz als Kleidungsbasisfarbe
zu entscheiden, das Leben so wenig vereinfacht wie der eine
ultimative Lippenstift. Auch gute Vorsätze machen das Leben
meistens nicht einfacher, sondern schwieriger, weil sie zu
weit entfernt sind von dem, was uns mental möglich ist. Die
Tips mancher Zeitgeistlichen, die innere Einfachheit predigen, klingen plausibel.

Sicher täte es gut, jeden Tag den Sonnenaufgang zu betrachten, jeden Tag am Meeresstrand oder an einem Bach
spazieren zu gehen, jeden Tag einem Menschen eine Wohltat
zu erweisen. Aber wer in einem Wohnsilo inmitten anderer
Wohnsilos haust, tut sich damit ebenso schwer wie eine Mutter, die bei Sonnenaufgang ihr Baby stillen muß.

Und was die Wohltätigkeit angeht: Da fehlen nicht nur

Empfänger, die es einem wert zu sein scheinen, es fehlen auch die Mittel und Gelegenheiten, es zu tun.

Und der heiße Tip amerikanischer Einfachheitsprediger, die Parkuhr eines Unbekannten zu füttern, wirkt ziemlich ärmlich angesichts so großer Worte.

Sicher macht es ruhig, im Mondschein die Mondscheinsonate zu spielen.

Aber das ist den meisten beim besten Willen nicht möglich.

Und was dann von all den nicht eingehaltenen guten Vorsätzen bleibt, beschwert zusätzlich: das schlechte Gewissen.

In gewisser Hinsicht haben die Heilsverkünder ja recht, zu behaupten, es sei einfach, einfach zu leben.

Nicht nur, weil das einleuchtend klingt und sich deswegen verkauft. Auch, weil es stimmt – für eine kleine erlesene Gruppe, die von ihrer Erlesenheit gar nichts weiß: für Menschen, die nie anders als einfach gelebt haben.

Deren einzige Schwierigkeit es ist, dem Versucher zu widerstehen, diesem Satanas der zivilisierten Welt.

Wie der zu erkennen ist?

Ziemlich leicht. Denn er quasselt immer vom Verbessern und liebt den Komparativ und Superlativ. Und tritt auf wie jener deutsche Unternehmensberater in der griechischen Urlaubsidylle.

Der sieht auf einer dieser wunderbaren Inseln am Meeresufer einen Fischer, der einfach nur dasitzt und ins Weite schaut. Obwohl sein Fang offenbar nicht üppig war an diesem Tag.

»Warum«, fragt der Unternehmensberater den Fischer, »fährst du nicht nochmal raus, um mehr zu fangen?«

»Warum sollte ich?« fragt der Fischer.

»Weil du dann mehr verdienst.«

»Warum sollte ich?« fragt der Fischer.

»Weil du dir dann bald ein größeres Boot kaufen kannst und noch mehr fangen.«

»*Und dann?*« *fragt der Fischer.*

»*Dann kannst du dir einen Motorkutter kaufen und Fischer einstellen.*«

»*Und dann?*« *fragt der Fischer.*

»*Dann*«, *glüht der Unternehmensberater vor Begeisterung,* »*kannst du ein fischverarbeitendes Unternehmen aufmachen und sehr viel Geld verdienen.*«

»*Und dann?*« *fragt der Fischer.*

»*Dann wirst du irgendwann so viel Geld haben, daß du nicht mehr zu arbeiten brauchst.*«

»*Aha*«, *strahlt der Fischer,* »*jetzt verstehe ich. Und was mache ich dann?*«

»*Dann ... dann ... kannst du einfach am Meer sitzen und ins Weite schauen.*«

»*Das*«, *sagt der Fischer,* »*mach ich doch schon.*«

Was er besitzt, ist die Einfachheit des Herzens. Und die kann man weder kaufen noch vortäuschen.

Ausgerechnet Casanova, dem kaum einer diese Einsicht zutrauen würde, hat da klar unterschieden.

»Die Einfachheit des Geistes«, schreibt er, »ist Dummheit. Die Einfachheit des Herzens Unschuld.«

Leider haben die meisten Menschen der sogenannten zivilisierten Welt diesen Zustand der glücklichen Unschuld verlassen, sind dem Satanas auf den Leim gegangen und haben ihm geglaubt, das Mehr sei die Zauberformel des Glücks. Und nun steht zwischen ihnen und dem einfachen Leben ein Problem, das ungemütlich aussieht, nach Verzicht und schlechter Laune: Es nennt sich Reduktion.

Sollte Ihnen bei dem Wort Reduktion als erstes Reduktionsdiät einfallen, haben wir uns richtig verstanden. Was so unangenehm klingt, ist der Gedanke daran, daß wir büßen müssen für die Lust am Zuviel. Und wir ahnen schon im voraus, daß wir die Lustlosigkeit des Reduzierens nur durchhalten, weil wir danach wieder zuschlagen dürfen.

Das ist die berühmte Sahnetorte auf der Heimfahrt vom Fasten-Sanatorium. Prompt steht die nächste Reduktionsdiät an. Und unsere Nerven werden dabei schneller dünn als unsere Körperteile.

Natürlich gibt es längst diese klugen Menschen, deren Parole heißt: Weniger ist mehr. Sie propagieren die Kunst des Weglassens und das klingt auch wunderbar.

Es klingt nach Überlegenheit und Stil, nach intelligenter Eleganz oder auch eleganter Intelligenz.

Aber wie viele besonders plausible Parolen steckt auch die voller Heimtücke. Fängt an mit der Frage, was »weniger« eigentlich heißen soll.

Weniger Masse oder weniger Klasse? Weniger Geld- oder Zeitaufwand?

Weniger Dekoratives, weniger Plakatives oder weniger Investitionen, weniger Engagement oder weniger Gleichgültigkeit?

Nehmen wir einmal die für uns als kapitalistisch denkende Menschen nächstliegende Deutung. Gehen wir mal davon aus, dieses Weniger solle einfach weniger Besitz bedeuten.

Gleich von vornherein weniger anschaffen, das könnte man sich ja antrainieren. Aber wenn das Zeug nun schon da ist? Und alle sich daran gewöhnt haben?

Wer einen Zweitwagen hat, kann sich das Leben ohne Zweitwagen kaum mehr vorstellen. Und wie schnell wir uns an vermeintlich nebensächliche Dinge gewöhnen, spürt jeder, dem der Küchenkrepp ausgeht. Generationen haben ohne gelebt, aber uns macht es nervös, wenn er fehlt. Zugegeben: Der Verzicht auf Küchenkrepp macht das Leben bestimmt nicht einfacher. Aber das Gefühl der Hilflosigkeit an einem küchenkrepplosen Samstagabend, erst recht in Erwartung von Gästen, macht uns klar, daß wir Gewohnheitstiere der behäbigsten Sorte sind, eine Spezies, die ganz schwer zu bewegen ist, auch wenn sie es gern will.

Psychotherapeuten behaupten, ein Mensch begebe sich erst dann in ihre Behandlung, wenn der Leidensdruck sich ungut bemerkbar mache.

Es wäre nun naheliegend, zu glauben, das Zuviel sorge dafür. Aber das Zuviel drückt uns meistens nicht.

Ein hauptberuflicher Egomane sieht meistens keinerlei Veranlassung, an seinem Seelenzustand etwas zu ändern, bis er wegen seines Wesens scheitert. Sei es, daß der Partner wegrennt, der Job verlorengeht oder alle möglichen Leute ihm die Tür vor der Nase zuschlagen.

Das Zuviel abzuschaffen: auf diese Idee kommen wir erst, wenn es reichlich spät ist.

Wenn zu viel Ehrgeiz den ersten Herzinfarkt beschert, zu viele Termine ein Magengeschwür, zu viel Beschäftigung mit der Mehrung des Besitzes die Ehekrise, zu viel Expansion des Unternehmens die Pleite.

Am besten funktioniert das Frühwarnsystem vor einem Zuviel noch bei den ganz alltäglichen Problemen.

Wenn der Kleiderschrank platzt oder die Bücherregale bersten. Oder im banalsten Fall das Zuviel an Essen und Trinken die Jeansnähte sprengt.

Aber auch in seiner plastischen und drastischen Form, als Übergewicht, scheint das Zuviel meistens noch nicht ausreichend Leidensdruck auszuüben, sonst gäbe es mehr schlanke Leute.

Wir haben uns ganz schlau eine große Bandbreite an Verdrängungsmöglichkeiten geschaffen.

Deren symbolische Form sind die Leggings.

Sie sind anpassungsfähig, dehnbar in alle Richtungen und suggerieren, unter einem weitfallenden Oberteil getragen, noch immer eine sogenannte Figur, denn die Beine werden bei den meisten Menschen als letztes fett.

Unbewußt ist es uns allen freilich längst klar, daß dieses Zuviel unser Thema ist.

Und genauso, wie die Philosophie der Besitzvermehrung,

diese Idee, Lebensqualität habe mit Quantität des Eigentums zu tun, aus den USA kam, so ist nun auch das Serum gegen jene mentale Vergiftung von dort importiert worden.

Was die amerikanischen Zeitgeistlichen ihren Kollegen hierzulande vorgemacht haben, ist eine Strategie, die in der Industrie längst zum kleinen Einmaleins gehört: Sie beherrschen es perfekt, Bedürfnisse zu produzieren und so lange zu fördern, bis sie in Schieflage geraten und durch ein Gegengewicht wieder korrigiert werden müssen.

Nur einfältige Menschen behaupten also noch, das Perpetuum mobile sei nicht erfunden worden. Wie es funktioniert, beweist doch die Produktion von Cola und Junk food, die die Installation von Cola light und Fitneß-Centern nötig machte, woraufhin die Frustration durch die leichte fade Cola und die Tristesse der Fitneß-Studios erneut den Appetit anheizte auf Cola heavy und Junk food.

Die Zeitgeistlichen kurbeln im Sektor Seele ähnlich erfolgreich den Konsum an.

Auf den Erfolg von Prozac als gepriesene Glückspille folgte eine Phase der Besinnung, die sich »Beyond Prozac« nannte und die Idee propagierte, mit natürlichen Methoden frei von Depressionen zu leben.

Das aber strengte die meisten so sehr an, daß sie alsbald wieder zur nächsten Glückspille griffen.

Die Predigten, sexuelle Probleme als psychische zu erkennen, werden nun übertönt vom Triumphgeheul der Viagra-Apostel.

Verzicht wird nur empfohlen, um neue Gelüste wachzukitzeln, und die Mühen der inneren Einsicht werden nur progagiert, um wieder den Appetit auf schnelle Lösungen anzuheizen − auf Pillen und Tropfen, jene Drogen der braven Bürger.

Die Fast-food-Generation hat ihre Kinder dazu gebracht, in Gesundheits-Supermärkten einzukaufen und das gnadenlos biologische Leben so extrem zu betreiben, daß deren Kinder nun wieder begeistert zu Fast food greifen.

Letztendlich haben die Zeitgeistlichen in Amerika auch ein leichteres Spiel, das sei zur Ehrenrettung europäischer, vor allem aber deutscher Epigonen gesagt.

In einem Land, wo sogar Fernsehprediger vorführen, wie gut es sich mit Doppelmoral leben läßt, und wie viel Geld sich mit dem Direktverkauf dieser Moral verdienen läßt, ist die Entscheidung zur Berufswahl »Zeitgeistlicher« schneller getroffen.

Vor allem ist ihnen von Kindesbeinen an klar, daß sie nur dann auf einer Erfolgswelle schwimmen können, wenn die sich im sogenannten Mainstream befindet.

Während antiquierte Geistliche, gerade hierzulande, immer noch unliebsame Wahrheiten predigen, ist es den Zeitgeistlichen amerikanischen Modells klar, daß sie das predigen müssen, was jeder hören will.

Und auch die Zeitgeistlichen hierzulande plaudern einfach aus, was dieses Unbewußte uns sagt, weil es ihnen dasselbe sagt.

Sie setzen sich also an ihren Schreibtisch und schreiben: Wir alle haben von allem zu viel.

Und jeder Leser seufzt ein verständnisinniges Ja.

Denn wir wissen, daß sie in dem Punkt recht haben.

Daß wir zu viel Streß haben oder zu viel Arbeit, zu viel Freizeit oder zu viele Verabredungen, zu viele Beziehungen oder zu viele Aktien, zu viel Ehrgeiz oder zu viel Erfolg, zu viele Sorgen oder zu viele Wünsche.

Nur: Wir seufzen zwar gerne unter diesem Gefühl, doch ersatzlos loswerden wollen wir das Ganze nicht.

Junge erfolgreiche Leute sind zu erkennen an dieser Geste der Erschöpfung, mit der sie sich kurz die Augen zuhalten und dann über die Stirn streichen.

Aber sie kultivieren diese Bewegung auch. Demonstriert sie doch, daß in einer Zeit, wo vieles für viele weniger wird, ein paar wenige noch unter dem Joch des Mehr stöhnen können.

Einfach leben heißt aber, sich vom Glauben an den Komparativ zu verabschieden und den Superlativ nicht als erstrebenswertes Ziel anzusehen.

Das leuchtet theoretisch ein.

Aber der radikale Ratschlag, sich deswegen gleich von allen möglichen Besitztümern und Angewohnheiten zu trennen, macht uns mißtrauisch.

Weiß doch keiner, was dann kommt.

Bekanntlich klafft dort, wo man etwas wegnimmt, eine Lücke, und wer schaut denn bitte schon gern eine Lücke an? Baulücken, Zahnlücken, Finanzierungslücken, das ist doch alles höchst unerfreulich.

Zumal die Propheten des einfachen Lebens keine Vorschläge machen, womit die enstehenden Lücken dann zu füllen wären.

Ja, es gibt sie, diese legendären Verzichter und Entsager wie den Heiligen Franziskus, die ein Vermögen verschenkt haben, um wirklich auf einer Ebene mit den Armen zu sein, deren Lobbyist sie sein wollten.

Nun ist der Heilige Franziskus, gerade im Vergleich mit weit weniger glaubwürdigen Kollegen aus dem Club der Heiligen, ohne Zweifel anbetungswürdig. Aber ist er beneidenswert, dieser kluge, feine Mensch, der im Dreck schlief, in Lumpen herumlief, um hartes Brot bettelte, sich beschimpfen und bespucken lassen mußte?

Von posthumen Würdigungen hat man bekanntlich wenig. Zumindest ist über die Form der Gewinnauszahlung im Jenseits wenig bekannt.

Franziskus war solch ein zweckorientiertes Denken fern, und dafür gebührt ihm wahrhaftig unser allergrößter Respekt. Doch geben wir es ruhig zu: Für ein heiligenmäßiges Dasein sind wir nicht gebaut, und diese extreme Entsagerei hielte kaum einer von uns durch.

Auch einer der Vorstreiter des einfachen Lebens, Henry David Thoreau, der das Buch ›Walden. Or, Life in the Woods‹ schon Mitte des 19. Jahrhunderts verfaßte, hat ganz offensichtlich über mentale Kräfte verfügt, die den meisten von uns heute abgehen. Wer von uns würde es schaffen, zwei Jahre ab sofort in einer selbstgebauten Blockhütte zu leben? Und sich dort nicht nur für eine Existenz im Einklang mit der Natur zu begeistern, sondern gleichzeitig mit ironischer Schärfe zu engagieren gegen die Institutionalisierung des Daseins, die wahren Individualismus verhindert?

Wenn ein Mensch die Kunst des einfachen Lebens beherrscht und dafür wirbt, macht er sich, wie schon Thoreau, nicht unbedingt überall beliebt damit.

Denn wenn die Staatsraison es verlangt, daß militärischer oder wirtschaftlicher Kämpfergeist mobilisiert wird, dann kommen Geschichten, die von der Schönheit des Verzichts und des Rückzugs erzählen, höchst ungelegen.

Der ostpreußische Autor Ernst Wiechert veröffentlichte ausgerechnet 1939 seinen Roman ›Das einfache Leben‹. Darin erzählt er, den die Erfahrungen des Ersten Weltkriegs zivilisationsmüde gemacht hatten und mißtrauisch gegen militante Weltenretter und selbsternannte Erneuerer, in einer freilich dem heutigen Geschmack fremden Sprache von einem Korvettenkapitän, der die militärische Karriere hinschmeißt und seine elegante, aber oberflächliche Frau verläßt, um sich dem einfachen Leben in der Einsamkeit von Masuren zu widmen, als Eremit zu leben.

Auch wenn diese hymnische Beschwörung der Weltflucht uns künstlich anmutet und unbrauchbar wirkt: Im Dritten Reich durfte dieses Buch, das als kampfmoralzersetzend galt, nur mit größter Vorsicht unter dem Ladentisch gehandelt werden.

Aber die Zeitgeistlichen heute würden solche groben Schnitzer niemals machen: gegen den Strich zu sein, gegen das, was angesagt ist, anzureden.

Die Einfachheit, die sie empfehlen, kurbelt durchaus die Wirtschaft an.

Und stört weder die Industriellen noch die Politiker. Im Gegenteil.

Denn je mehr sich die Doppelmoral in Staat und Wirtschaft breitmacht, desto bereitwilliger werden rhetorische Angebote genutzt, sich einfach, transparent und ehrlich zu geben.

Wölfe brauchen Schafspelze, damit die Schafe sie wählen. Oder ihnen abnehmen, was sie an Produkten und Ideologien verkaufen wollen.

Und die schönen Worte über das Einfache sind als Schafspelz bestens geeignet.

Einfach heißt ja eigentlich nur, daß etwas nur aus einem Teil besteht, daß es nicht zusammengesetzt ist. Und das klingt schön übersichtlich und verlockend, wenn einem das Leben zu kompliziert erscheint. Wenn einen das Gefühl beschleicht, alles sei überladen.

Der Appetit aufs Einfache entsteht ja immer nach Phasen der Üppigkeit.

Das ist so in der Kunst und ist so in der Küche.

Nach Barock und Rokoko sehnten sich die meisten nach Schnörkellosigkeit. Aber nach biedermeierlicher Schlichtheit wurde prompt wieder das Bedürfnis nach Pomp wach, das die Gründerzeit mit Wucht zu sättigen verstand. Die Begeisterung für das funktionale Design in den 80er Jahren des 20. Jahrhunderts wich ebenso konsequent einem schwülstigen Neobarock.

Genauso packt jeden von uns nach einer Buffet-Orgie oder einem Fünf-Gänge-Menü die Lust auf Bratkartoffeln.

Und Bratkartoffeln sind ein gutes Beispiel für die Tücke des Einfachen: Es ist leider nicht einfach, es wirklich gut hinzukriegen.

Wer sich einbildet, das Einfache sei billig, ist all den Verkäufern auf den Leim gegangen, die den Kunden in die Ecke drängen mit der Frage: »Wollen Sie das Einfache oder soll's etwas Besseres sein?«

Vollkommene Bratkartoffeln verlangen außer reinen Zutaten einige Geduld.

Und den völligen Verzicht auf Wichtigtuerei, auf Sperenzchen.

Hausgemachte Tagliatelle werden durch den Löffel Kaviar drauf teurer, nicht besser. Im Gegenteil: Sie werden sogar herabgewürdigt, denn der Gast ahnt, daß der Koch seinen Nudeln offenbar nicht zutraut, einfach nur mit Butter und Salbei zu überzeugen.

Das Einfache fordert zuallererst Authentizität.

Wer einfach leben will, muß identisch sein mit dem, was er tut, wie er es tut und wo er es tut. Im anderen Fall geht es schief.

Jemand, der im Kopf Städter bleibt und städtische Ansprüche stellt, kann nicht von jetzt auf gleich auf dem Land das einfache Leben praktizieren. Denn er bleibt ja von vornherein das Gegenteil von einfach: Er denkt und fühlt zweifach.

Dewegen hat das euphorische Aussteigertum der 80er Jahre der Toskana viele restaurierte Bauernhöfe beschert, die dann mit großem Verlust wieder verkauft wurden. Und Mißerfolge dieser Art bringen das einfache Leben in Mißkredit.

Am Busen der Natur zu leben, ist eine schöne Idee, aber der gibt eben nur denjenigen Milch, die sich an ihn schmiegen.

Einfach geht schwierig.

Mit dieser Erkenntnis will heute aber keiner behelligt werden.

Zwar sind Leute, die den Ausstieg planen, mittlerweile vorsichtig geworden.

Aber diese Vorsicht zeigt sich nur darin, daß sie den Ausstieg mehrfach absichern. Und über all den Absicherungsmaßnahmen wird ihr Leben komplizierter, als es je zuvor war.

Was nun die aktuellen Propheten des einfachen Lebens, diese moralischen Schreibtischtäter, so suspekt macht, ist vor allem ihre Unaufrichtigkeit.

Kein Wort verlieren sie über den Streß der Entsagung, geschweige denn der Kehrtwende. Sie verraten nicht die Wahrheit über Einzeltäter, die sich entschließen, als Retter der Menschheit dieses Zuviel zu entsorgen, ohne vorher gefragt zu haben.

Dächten wir eine Sekunde nach, fiele uns ein, daß mit Rettern selten glimpflich umgegangen worden ist und ihr Leben meistens unerfreulich endete.

Da braucht man gar nicht in den Dimensionen der Jeanne d'Arc zu denken.

Es reichen die ganz alltäglichen. Wenn jemand im Alleingang beschließt, zum Heil der anderen etwas zu besorgen oder zu entsorgen, kommt selten Heil heraus und sehr oft Unheil.

Für den Heilsbringer jedenfalls. Während eine Johanna aber wenigstens im Nachhinein Ruhm und Heiligenschein bekam, ist diese Sorte Drama, im privaten Rahmen aufgeführt, auch noch völlig unspektakulär.

So passiert es einer Familienmutter, zum Beispiel, die unglücklich und entnervt ist. Warum, fragt sie sich, ist alles so unendlich schwierig?

Sie geht in sich und und dann in einen Buchladen, worauf sie mit Hilfe eines zeitgeistlichen Werkes erkennt, warum bei ihr daheim alles so gar nicht einfach ist. Warum überhaupt nicht mehr zusammen geredet wird, einfach so, nach dem Essen, warum jeden Abend ein Einkaufswagen Junk food vertilgt wird und warum die lieben Kinder den Eltern nicht einfach erzählen, was sie umtreibt, und umgekehrt. Es ist ein handlicher Grund, das kapiert sie, er steht im Wohnzimmer herum und ist leicht zu entsorgen. Kurz: Die Mutter beschließt, dem Rat des Zeitgeistlichen zu gehorchen und den

Fernseher hinauszuwerfen. Rückt aber in einer dumpfen Ahnung dessen, was dann drohte, von dieser radikalen Lösung ab (nicht etwa, weil sie wüßte, daß jeder Zeitgeistliche eine Zweitglotze besitzt, schon um jeden seiner TV-Auftritte aufzeichnen zu können) und legt statt dessen das Gerät durch einen kleinen Eingriff lahm – vor einem Wochenende mit zwei Feiertagen, selbstverständlich.

Und siehe da: Nach dem ersten Wutausbruch, als bei Knopfdruck nichts passiert, entwickeln alle Familienmitglieder außer ihr ungeahnte Aktivität – jeder versucht, die Situation zu retten. Von Freunden den Zweitfernseher auszuleihen, eine Adresse ausfindig zu machen, wo man auch Samstagabend noch eine neues Gerät kaufen kann, oder die Nummer dieses herrlichen Unternehmens herauszukriegen, das »Erste Hilfe für Ihr TV rund um die Uhr« verheißt.

Beim zweiten Versuch ist die Mutter zum Äußersten entschlossen. Sie verkauft den Fernseher, direkt vor der Fußballweltmeisterschaft. Und gibt das auch noch unumwunden zu.

Direkt nach der Scheidung – die Kinder blieben beim Vater und dem Fernseher –, trifft sie in der Gruppentherapie einen Mann, der seiner Frau jeden Wunsch erfüllt hatte.

Da stand die Frau eines Tages wieder einmal schwer aufatmend vor dem berstenden Kleiderschrank und behauptete, sie habe nichts anzuziehen. Es brauchte eine dreiviertel Stunde, bis sie unter den 12 schwarzen Sakkos eines ausgesucht hatte, das zu einer der 9 schwarzen Hosen paßte. Sehnsuchtsvoll erinnerte sich derweil der wartende Mann an die Zeiten, als sie nur ein schwarzes Sakko für Gut gehabt hatte und zwei schwarze Hosen und immer in fünf Minuten angezogen war. Er erkannte klarsichtig: Sie hat zu viel.

Die Tatsache, daß er die übrigen 11 Sakkos und 7 Hosen einer wirklich seriösen Hilfsaktion ausgehändigt hatte, konnte ihre Rachegelüste leider nicht mindern.

Nur todesmutige oder absolut gefahrenblinde Menschen versuchen, das Leben auf diese einfache Weise zu vereinfachen.

Alle anderen wissen von sich selber, daß wir *eine* Einsicht schon mit dem ersten Aletelöffel reingezogen haben: Sich bloß nichts nehmen lassen!

Das ist schließlich der erste Glaubenssatz des modernen kapitalistischen Credos.

Kinder schon setzen sich auf Plastikförmchen im Sandkasten, die gerade nicht für die Bäckerei benötigt werden, damit sie ja kein anderer nimmt.

Rund um den Hotel-Pool werden überall auf der Welt die Liegen belegt, auch wenn die zugehörigen Leute zuerst mal frühstücken oder mittagessen gehen.

Und sich gar freiwillig von Besitztümern oder Angewohnheiten zu verabschieden, erscheint Menschen, die das kapitalistische Credo gefressen haben, geradezu pervers.

Anders gesagt: Was da die Prediger der Reduktion von sich geben, klingt so, als hege jemand üble Absichten, diejenigen abzukochen, die dem Geschwätz auf den Leim gehen. Da wittert doch jeder denkende Mensch Unrat, wenn ihm jemand anderer erklärt, was da rumstehe, belaste nur und es werde eine Erlösung sein, das Ganze ein für allemal zu entsorgen.

Solche Ratschläge treffen ins Schwarze unseres Mißtrauens.

Ein Erbe wird besichtigt. Es ist äußerst spärlich, denn die Verstorbene war eine alte alleinstehende Dame, die von einer winzigen Rente gelebt hat.

Einer der beiden Erben ist Kunsthistoriker, der andere Bankangestellter in der Provinz.

»Das ist doch alles nichts wert«, sagt der Kunsthistoriker, »das können wir gleich rausschmeißen.«

Und was ist damit dem anderen klar? Daß es sich bei den unleugbar scheußlichen Sesseln aus dem guten Zimmer ebenso wie bei dem monströsen Tisch unter dem Fernseher und den unerträglichen Vasen um Antiquitäten handeln muß, um Sammlerobjekte jedenfalls, und bei dem Miterben um einen abgebrühten Scharlatan, der Gutgläubige über den Löffel balbieren will.

Genauso geht es uns, wenn plötzlich einer erzählt, weniger sei mehr.

»Cui bono?« fragt bekanntlich jeder Detektiv auf der Suche nach dem Mörder. »Wem bringt's was?« Der, dem es etwas bringt, ist dann aller Wahrscheinlichkeit nach der Täter.

Die Angst, um einen Vorteil geprellt zu werden – und Besitz halten wir nach wie vor für einen –, sitzt uns allen in den Knochen. Und wenn Ihnen da die Prediger des einfachen Lebens erzählen, Sie sollten auf Aktien und Streß, auf Ehrgeiz und Mitgliedschaften verzichten, kommt Ihnen das verdächtig vor. Besonders dann, wenn Sie wieder mal diese Devise hören – »Weniger ist mehr«.

DER LUXUS,
WENIGER
ZU BESITZEN

Als analytisch denkender Mensch erkennen Sie sofort, daß dieser Satz der reine Unsinn ist. »Luxus« kommt schließlich vom lateinischen Ausdruck für Überfluß, für ein Übermaß an Pracht. Und es fällt Ihnen leicht, diese Sentenz zu entlarven als ein sentimentales Versager-Motto.

In einem Punkt allerdings, da stimmt der Satz und das beeindruckt Sie: in der Designer-Verkaufe.

Da bauen Möbelproduzenten die gradlinigen Kommoden, Schränke und Tische der Shaker nach, da sorgen Innenarchitekten für ein entsprechend puristisches Ambiente, und schon haben sie das Ganze ohne das moralische Brimborium von Verzicht und Bescheidenheit, das einem die Sekte der Shaker mit den Möbeln aufschwatzen will. Das ist doch angenehm. Und wirklich einfacher, als Interior-Design mit Ethik zu verbinden.

Da haut die Idee mit dem »Weniger ist mehr« eben auch finanziell richtig hin, für den Produzenten jedenfalls, da bringt weniger Aufwand ordentlich mehr Geld.

Wenn »weniger ist mehr« bedeutet, schlichten Armani zu tragen statt eines goldbeknopften Escada-Teils, wenn es heißt, Sie sollten einen ungeheuer schlichten Porsche fahren statt eines aufgemotzten Manta, dann sind Sie auch dabei. Sie verstehen auch Leute, die nach dieser Devise mit einem einzigen einfachen, ganz einfach möblierten Landgut in der Toskana als Feriendomizil auskommen und in London im schlichtesten und reduziertesten aller Hotels, im »Hempel's«, ihr Wochenende verbringen. Allerdings kostet das Wochenende in besagtem Hotel um die 8000 Mark.

Frauen, die dieses »Weniger ist mehr« exemplarisch vorführen, tragen ein ganz simples Kleid von Prada oder Yamamoto von 2000 Mark aufwärts, aus dem sie allerdings nie im

Leben das Etikett herausschneiden würden, und sie tragen es selbstverständlich ohne Schmuck. Abgesehen vielleicht von diesem einfachen Platinring, dem keiner ansieht, daß er das Monatsgehalt eines mittleren Angestellten gekostet hat.

Aber ansonsten, abseits dieser anschaulichen Musterbeispiele, haben Sie völlig recht, diesem Satz zu mißtrauen. Daß mehr einfach mehr ist, liegt auf der Hand. Und daß weniger mehr sein soll, kann nur heißen, daß es mehr bietet, ohne daß die Investition anderen gleich ins Gesicht springt. Nicht gleich, wohlgemerkt. Aber merken und vor allem merken lassen, muß man es schon können, sonst wäre es glatte Verschwendung, sich zum Beispiel einen Käfer mit Porsche-Motor zu kaufen.

Der Augenblick, in dem Sie mit dem ollen Käfer an dem getunten BMW vorbeiziehen, dessen Fahrer Sie vorher beim Überholmanöver angesehen hat, als säßen Sie mit Hut und Pappschild in der Fußgängerzone am Boden, der macht das Ganze lohnend.

Statt drei Ringen mit Diamantsplittern einen einzigen schlichten Hochkaräter zu tragen – auch das ist eine Version, in der Ihnen die Behauptung, weniger sei mehr, einleuchtet. Aber bereits der Werbeslogan für Platin, zu wissen, es sei Platin, genüge, ist eine glatte Lüge: Wenn's die anderen nicht wissen, macht das Ganze keinen Spaß.

Klar ist es zur Zeit in wirklich gutbetuchten Kreisen angesagt, daß Frauen statt der aufwendigen Fönfrisur die Haare glatt und unkompliziert tragen, daß sie statt in Nylons und eleganten Pumps daherzustöckeln, lieber barfuß in Sneakers rumlaufen, aber da sind eben doch noch die Indizien, die beweisen: Es handelt sich hier nicht um wirkliche Einfachheit, sondern um die Demonstration des Es-ist-erreicht.

Da genügt die einfache Hermès-Tasche an der Hand für circa 7000 Mark, da genügen die zwei Cs auf den Sneakers, um dezent zu vermitteln, daß die Firma Chanel für diese Schuhe einen Tausender kassiert hat.

So interpretiert, kann es funktionieren. Mit weniger Dekoration noch mehr beeindrucken – das ist keine schlechte Idee. Aber wörtlich genommen ist dieses »Weniger ist mehr« ein absolut infamer Leitsatz.

Erst recht, wenn das heißen soll, sich zu trennen von Objekten, die das Leben bequemer machen. Da müssen Sie diese Behauptung ja wohl als eine Unverschämtheit empfinden.

Verzicht ist ein Begriff, der nach Opfer klingt, nach einer unfreiwilligen Einschränkung. Und das treibt alle, die unter Freiheit die größte Auswahl an Möglichkeiten verstehen, auf die Barrikaden.

Das Autofahren einzuschränken oder die Fernreisen: Das sind Vorschläge, mit denen sich hocheffektiv Wähler verprellen und Sympathien verscherzen lassen.

Und wer Leuten mit Mobiltelefon erzählt, wie viel schöner das Leben wäre, könnten sie darauf verzichten, wird für hoffnungslos anachronistisch erklärt.

Wer verkündet, es bringe mehr Genuß, ein Butterbrot zu essen als ein paar Canapées mit Kaviar, Lachs oder Roastbeef, erntet Hohngelächter.

Jemand, der behauptet, an Luxusgütern nicht interessiert zu sein, ist in den Augen der anderen dem Fuchs in La Fontaines Fabel vergleichbar. Der erklärt bekanntlich, die Trauben seien ihm viel zu sauer, um davon abzulenken, daß sie zu hoch für ihn hängen.

Jemand wie Sie durchschaut diese Leute: Die können sich's eben einfach nicht leisten. Wenn einer behauptet, so mancher Prosecco schmecke ihm besser als ein Champagner aus Massenproduktion, dann ist der entweder ein Ignorant oder zu geizig, wahlweise zu arm, um den Champagner zu bezahlen.

Einschränken läßt sich ein moderner Mensch wie Sie von niemandem.

Ihr Recht auf Mobilität verteidigen Sie genauso konsequent wie Ihr Recht auf das große Angebot. Auch wenn Sie immer den Naturjoghurt aus dem Kühlregal nehmen, wollen Sie die

28 anderen Fruchtjoghurts zur Auswahl haben: So definiert sich mittlerweile das Gefühl für Freiheit.

Deswegen galt Ihr Mitleid den damaligen DDR-Bürgern gegenüber vor allem der Tatsache, daß die armen Kerle keine Auswahl hatten, weder bei Kaffee noch bei Unterhosen.

Sie fanden Witze gut wie den, wo der Kunde, der im Kaufhaus nach Unterhosen fragt, von der Verkäuferin belehrt wird: »Hier sind Sie falsch. Hier gibt es keine Unterhemden. Keine Unterhosen gibt es dort drüben.«

Einfach armselig, dieses Dasein ohne Großangebot. Da müssen die uns doch heute ungeheuer dankbar sein, daß es sogar in der tiefsten Provinz eine Riesenauswahl gibt, bei Unterhosen genauso wie bei Fruchtjoghurts.

Es gibt zwar Menschen, die glaubwürdig verkünden, unter dem kapitalistischen Großangebot zu leiden. Anatoli Schtscharanski, zum Beispiel, einer der bekanntesten Regimekritiker der UdSSR.

Mehr als 20 Jahre saß er in Gefängnissen ein und mußte sich in Gulags schinden, bis er endlich, bis auf die Knochen abgemagert, im Austausch gegen einen Agenten nach Israel ausreisen durfte. Er war selig, nach zwölf Jahren der Trennung seine Frau Avital zu sehen, selig, sagen und schreiben zu dürfen, was er wollte. Aber trotzdem wurde er depressiv. Das stellten alle Journalisten fest, die mit ihm Interviews machten. Und er gab auch zu, was ihn so nach unten zog. Dieses Überangebot an Waren, diese neunundzwanzig Joghurtsorten im Kühlregal.

Wozu? fragte sich Schtscharanski. Wozu den Menschen die Zeit stehlen, ihnen Kraft und Aufmerksamkeit abzwingen, um in einer derart lächerlichen Frage entscheiden zu müssen.

»Was viele so unter Freiheit verstehen –«, wunderte er sich, »ich begreife beispielsweise nicht, was ihr Amerikaner mit diesen verschiedenen Sorten Cornflakes macht. Sie haben Myriaden Möglichkeiten, auszuwählen, und damit verbringen sie ihr Leben.«

Aber solche Menschen wie Schtscharanski sind in Ihren Augen Sonderlinge, wunderlich und weltfremd geworden und eben nicht lebensfähig, die Armen.

Da jammert er wahrhaftig, daß er endlich mehr als genug hat von allem.

»Auch ich«, beklagt er allen Ernstes, »bin jetzt gefangen in diesen weltlichen Problemen. Mein Leben ist oberflächlich geworden.«

Für solche Undankbarkeit fehlt Ihnen etwas das Verständnis.

Zwischen vier Sorten Bananen aussuchen zu können, ist doch einfach besser, und nur eine Sorte Bananen, das ist Diktatur.

Wenn Ihnen die freie Auswahl genommen wird, betrachten Sie das konsequenterweise als Freiheitsberaubung.

Es soll ja Leute geben, denen *eine* Alternative reicht. Die zufrieden sind, wenn sie Entweder-Oder sagen können. Und sich so drin üben, Nein zu sagen.

Zum Beispiel der jüdische Schiffbrüchige, der alleine auf eine einsame Insel gerät und sich dort mit unendlicher Mühe eine Synagoge baut. Und als er endlich fertig ist damit, baut er sich mit unendlicher Mühe die zweite.

Irgendwann kommen Besucher dorthin, sehen alles perfekt und ökonomisch organisiert. Aber über eins wundern sie sich: Warum der Inselbewohner für sich alleine zwei Gotteshäuser braucht.

»In die«, sagt er und deutet auf eine, »geh' ich *nicht.*«

So schnell sind nur Philosophen zufrieden. Sie nicht.

Entscheidungsfreiheit heißt für Sie, die große Auswahl zu haben.

Sie fühlen sich erst bei einer ganzen Palette an Varianten befriedigt. Und darauf sollten Sie weiterhin bestehen. Denn das heißt nicht, daß Sie ein Mensch ohne Umwelt- oder Produktbewußtsein wären. Nein – Sie sind eben ein Individualist wie all die Millionen um Sie herum auch. Und wenn man Sie schon mit Massenprodukten versorgt, wollen Sie daraus wenigstens individuell auswählen können.

Natürlich unterschreiben Sie es als aufgeklärter Mensch, wenn jemand den Abschied von der Wegwerfgesellschaft fordert. Längst sind Sie auf Mehrwegflaschen umgestiegen, kaufen recyclebares Klopapier ein und benutzen bei Partys kein Einmalbesteck und keine Plastikteller mehr.

Aber Sie spüren, daß das Viele Sie beruhigt. Auch viel Besitz.

Nein, Sie sind nicht wie die Generation, die durch die Entbehrungen in Kriegs- und Nachkriegszeit vom Verarmungswahn gepackt wurde.

Und deren Argument dafür, alles aufzubewahren, hieß: »Man weiß nie, wozu man es noch braucht.«

Sie haben ganz andere Gründe, Ihren Besitz konsequent zu mehren.

Rein rationale, keine emotionalen. Daß Sie nicht nur ein Zweit-Auto haben, sondern auch einen Zweit-Fernseher nebst Zweit-Video ist schließlich nur vernünftig. Denn nur so können Sie es vermeiden, sich auf Ihren Partner oder Ihre Kinder einstellen zu müssen, auf deren Tagesplan oder deren Programmwünsche.

Zugegeben: Es ärgert einen, zweimal die Ausgaben zu haben für die Anschaffung. Aber letztendlich gibt Ihnen das ein beruhigendes Gefühl der Überlegenheit und Freiheit.

Auf das müssen diese Exoten vom einfachen Leben leider verzichten.

Und wenn die dann behaupten, sich frei zu fühlen, wenn sie den Fernseher einfach nicht anstellen, dann ist Ihnen sofort klar, was das für eine matte Ausrede ist.

Besonders gekünstelt finden Sie die These, weniger Worte seien mehr.

Sie selber spüren einfach, daß ganz gleich, wie lange Sie reden, die Menschen fasziniert sind. Zugegeben, wenn andere Reden halten, sagen Sie sich schon zuweilen, weniger wäre mehr gewesen. Sie sind da auch, daraus machen Sie keinen Hehl, oft völlig erschöpft und gelangweilt nach der ersten halben Stunde. Doch das hat nichts mit Ihnen zu tun. Gerade in der Werbung, in Talkshows oder auch in allen Vertreter-Berufen kommen die nach oben, die lange und ohne Ermüdungserscheinungen reden können. Jeder Showmaster macht es vor, daß mehr Worte mehr sind.

Natürlich sind diese komischen Vögel vom einfachen Leben anderer Meinung. Und bringen lauter pseudoschlaue Belege und Beispiele dafür, daß lange Reden das Leben nur schwieriger, anstrengender und umständlicher machen.

Erst reden die davon, daß Heidegger oder irgendein anderer dieser weltfremden Philosophen als P. S. geschrieben habe: »Entschuldigen Sie den langen Brief, aber ich hatte nicht mehr Zeit.« Und dann erzählen sie die Geschichte von einem Steward, der mal wieder fern der Heimat in Tokyo ein Telegramm an seine Geliebte daheim aufgibt:

»Ich liebe dich. Ich liebe dich. Ich liebe dich. Peter.« Als ihn der höfliche Mann am Schalter darauf aufmerksam macht, für gleichviel Geld könne er ein Wort mehr unterbringen, versinkt Peter zuerst in tiefes Brüten und schreibt dann: »Ich liebe dich. Ich liebe dich. Ich liebe dich. Hochachtungsvoll: Peter.«

Ich leide doch nicht an Kaufrausch

*Oder: Warum Sie sich nicht der Konsumfreiheit
berauben lassen dürfen*

Den Leuten die Lust an der Besitzvermehrung auszureden, ist absolut unverantwortlich, da haben Sie ganz recht. Wie soll die Konjunktur denn dann noch angekurbelt werden! Und schlaue Zeitgeistliche wissen längst, daß man sich mit Predigten wider den Kaufrausch nur unbeliebt macht.

Keiner will so etwas hören.

Das hat ein gewisser H. Jackson Brown Jr., einer der amerikanischen Erfolgsprediger des einfachen Lebens, früh erkannt. Sein Bestseller, das ›Life's Little Instructions Book‹, hat zwar ein Cover mit Schottenkaro, aber der Inhalt zeigt beruhigenderweise keinerlei Anzeichen von Sparsamkeit.

Im Gegenteil: Wer kein Geld hat, *kann* die wunderbaren Ratschläge dieses Pater Brown gar nicht befolgen. Er empfiehlt zum Beispiel, der Kellnerin (warum dem Kellner nicht, erfahren wir nicht) mehr Trinkgeld als nötig zu geben (Tip Nr. 4), sich eine richtig große Stereoanlage zuzulegen (Tip Nr. 15), ohne irgendeinen Anlaß Champagner zu trinken (Tip Nr. 24) und – ganz wichtig – niemals ein Haus ohne offenen Kamin zu kaufen (Nr. 30).

Gleichzeitig ermahnt er seine Leser in Tip Nr. 278: »Erwarten Sie nicht, daß Ihnen Geld Glück bringt.«

Weil ohne Geld aber die übrigen wertvollen Ratschläge nicht zu befolgen sind, wissen Pater Browns Anhänger das richtig zu deuten: daß er diesen Tip Nr. 278 eben aufnehmen mußte, damit mittellose Menschen, denen das Buch in die Hand fällt, nicht verzweifeln.

Daß Geld kein Glück bedeute oder daß es zum Glücklichsein kein Geld brauche, behaupten nur die Reichen, um sich Neider vom Hals zu halten. Und daß Kaufen nicht schön oder erstrebenswert sei, ist eine Erfindung der kommunistischen Funktionäre von ehedem.

Gut, es gibt sie, solche bemitleidenswerten Frauen oder auch Männer, die an einem Nachmittag acht Paar Schuhe kaufen. Meistens aus sexueller Frustration, wie Sie natürlich längst gelesen oder gehört haben. Aber zu diesen armen Kranken gehören Sie nicht. Es hat völlig andere Gründe, daß sich bei Ihnen überall etwas angestaut hat. Im Kleiderschrank und im Kühlschrank, im CD-Regal oder im Schuhregal.

Natürlich leiden Sie nicht an Kaufrausch, im Gegenteil.

Es packt Sie sogar ein Widerwillen, wenn Sie diese Leute

in Billigkaufhäusern sehen, die wahllos Zeug in ihre Plastiktüten stopfen oder Wühltische abräumen. Es stimmt zwar, daß Sie trotzdem ziemlich viel zusammengekauft haben, was nie benutzt worden ist. Elektrische Küchengeräte wie diese Joghurtmaschine, Gartengeräte wie diesen elektrischen Schneider für die Rasenränder oder diese wirklich originellen T-Shirts vom Getty-Museum, vom Louvre, von der Picasso-Ausstellung und der Warhol-Retrospektive. Auch der Autostaubsauger liegt meistens unbenutzt herum, weil der an der Tankstelle praktischer ist, und von den CDs, die Sie besitzen, hören Sie, Hand aufs Ohr, immer nur dieselben zehn oder zwanzig durch. Aber was die CDs angeht, sind Sie eben ein Sammler, was elektrische Geräte angeht, erst mal sehr aufgeschlossen, und ansonsten hindert Sie nur die viele Arbeit daran, alles auch zu benutzen. Und diese ungetragenen T-Shirts sind eben Beweise dafür, wie viel Spaß Sie haben an Kunst, wie viel Humor und Spontaneität. Nein, an Kaufrausch leiden Sie bestimmt nicht.

Viele Käufe beruhigen eben. Als Sie gemerkt haben, daß Ihr Gewebe schlaffer wird und Sie sich dieses Elektrostimulationsgerät zugelegt haben, wo angeblich ganz ohne Bewegung die Kilos schmelzen und die Muskeln gedeihen, ging es Ihnen sofort besser. Sie spürten: Ich hab was für mich getan, denn irgendwann finden Sie sicher Zeit dafür, es zu benutzen. Mit dem Laufband ist es dasselbe: Seit es in Ihrem Schlafzimmer steht, fühlen Sie sich fitter.

Ja und dann die Sache mit dem Essen.

Daß jede Woche in Ihrem Kühlschrank Vorräte verschimmeln oder verfaulen, liegt auch keineswegs daran, daß Sie zu viel eingekauft hätten, aber unter Termindruck nimmt man sich eben oft nicht die Zeit, jedes Verfallsdatum zu berücksichtigen. Außerdem hätte sich die Fahrt zum Supermarkt raus gar nicht gelohnt, wenn Sie weniger eingekauft hätten. Und als eingespannter Mensch können Sie es sich einfach nicht leisten, für jede Tomate aus dem Haus zu rennen.

Der übervolle Kühlschrank gibt Ihnen zudem wie viele Zweitgeräte das gute Gefühl, nicht plötzlich ohne etwas dazustehen. Lieber zu viel als zu wenig, sagen Sie sich. Denn gerade das, was man dringend braucht, geht am Wochenende aus. Oder jedenfalls nach Ladenschluß. Und dann stünden Sie da, ohne elektrischen Eierkocher, ohne Campari, Sekt oder Joghurt, ohne Weichspüler fürs Haar oder für die Wäsche.

Sie empfinden das als genau den Luxus, der Sinn macht, und lassen sich von niemand anderem einreden, das Leben werde einfacher, wenn man mit dem Risiko lebe, ab und zu mal festzustellen: Mir fehlt dieses oder jenes.

Es sind ohnehin Spinner, die solche Modelle propagieren. Zugegebenermaßen einige ganz ausgebuffte.

Die Zeitgeistlichen geben ja simple Tips. Die sagen: Sie müssen sich einfach genau überlegen, was Sie einkaufen, dann haben Sie nachher das Richtige.

Und niemals zu viel. Und Sie dürfen immer nur eins nehmen, also 1 neues T-Shirt, 1 neue Jeans, 1 neuen Fön, keine 2.

Das ist einleuchtend. Und deswegen haben Sie es auch ausprobiert. Leider war es nachher doch oft das Falsche, gefiel nicht oder paßte nicht, und prompt hatten Sie wieder 2. Außerdem macht es Sie nervös, wenn Sie dieses Verzichtgefühl im Bauch haben. Auch wenn die Zeitgeistlichen sagen, das sei ein großartiges Gefühl.

Trotzdem: der Tip ist wie jeder andere von denen wenigstens einfach und übersichtlich.

Ganz anders diese Typen vom einfachen Leben: Die machen es wirklich kompliziert. Die haben nämlich angefangen, dieses Weniger nicht mehr als Einbuße, als Einschränkung darzustellen, sondern es mit einem attraktiven Etikett zu versehen. Denn offenbar sind diese Spinner draufgekommen, daß sich das einfache Leben nur dann verkauft.

Ein Luxus, behaupten sie jetzt, sei dieses einfache Leben.

Dieser psychologische Kniff ist natürlich ziemlich simpel;

auf Luxus ist eben jeder scharf. Nur muß es auch plausibel sein. Und das ist es hier doch mit Sicherheit nicht. Ganz egal, was man kauft; die einfache Ausführung ist immer die, die billiger ist. Wie also soll einfaches Leben luxuriös sein?

Die Theorie dieser Spinner geht so: Das einfache Leben weist alle Merkmale auf, die Luxus ausmachen.

☐ Es ist schwer zu erreichen.
☐ Nur wenige haben es, es ist also selten.
☐ Es erscheint begehrenswert.
☐ Wer darüber verfügt, gehört zu einer feinen kleinen Gruppe, ist also anders als die Masse.
☐ Es kostet einiges. Allerdings nicht im finanziellen Sinn: Das einfache Leben kostet Überwindung.

Was es gratis oder billig gibt, da haben diese Spinner recht, ist nun mal kein Luxus. Hamburger Hafenarbeiter, denen statt der geforderten Gehaltszulage die tägliche Kaviarration vergrößert wurde, beschwerten sich lauthals, weil sie von diesen klebrigen Fischeiern ohnehin schon mehr als genug hätten. Das ist zwar fast hundert Jahre her, trifft aber im Prinzip noch immer zu.

Aber daß es den Luxus des einfachen Lebens nicht umsonst geben soll, das kann Ihnen keiner aufschwatzen. Schließlich haben befremdliche Extremisten schon vor hundert oder zweihundert Jahren solche Experimente gemacht, einfach in der Natur zu leben und aus der Hand.

Das könnten Sie auch, jederzeit. Wenn Sie nur wollten. Zur Not besuchen Sie eben einen Crashkurs bei einem der Zeitgeistlichen, die ohnehin schneller rüberbringen, wie das geht. Oder kaufen sich eins dieser Bücher über »Simple Life«, die man sich an einem halben Nachmittag reinziehen kann.

Aber auf solche Reden reagieren die Spinner nur mit einem unverschämten Lächeln und der Behauptung, Sie könnten das leider *nicht*, selbst wenn Sie wollten.

Nie, erklären sie, würden alle Menschen der sogenannten zivilisierten Welt den Luxus des einfachen Lebens für sich entdecken, weil sie schlicht nicht die mentale Schwerkraft überwinden, die sie daran hindert, sich in diesen neuen leichteren Daseinszustand zu versetzen.

Ohne Überwindung sei der nicht zu erreichen. Und vor allem nicht gradlinig.

Der Gedanke, alles Einfache sei linear strukturiert, liegt nahe. Das geben die Dinos auch zu. Aber dieser Gedanke sei das erste Hindernis, das es zu überwinden gilt auf dem Weg zum einfachen Leben. Von allen anderen Hindernissen gar nicht zu reden.

Es könnte einen wütend machen, dieses überlegene Getue. Und besonders die Behauptung, Ängste – Sie und Angst! – seien daran schuld, daß die meisten es nicht schaffen, einfach zu leben.

Sie erklären rundweg, es stecke nichts als Angst dahinter, daß wir nicht ausmisten. Weil das die innere Leere sichtbar machte. Und einem Eingeständnis gleichkäme, sich den Blick dorthin verstellt zu haben mit Besitz.

Aber na bitte, hören wir's uns mal an, worin dieser Luxus des einfachen Lebens bestehen soll. Sie jedenfalls sind hoffentlich gewappnet, sich davon nicht verlocken zu lassen. Und Ihnen schwant schon jetzt, daß jedes Stück von diesem vorgeblichen Luxus des Einfachen einen Pferdefuß hat.

Bleiben Sie dabei, daß hochwertige Schnäppchen das Leben vereinfachen.

Gehen Sie weiterhin in Outlet-Läden, wo Fabrikbestände der letzten Saison verkauft werden, und decken Sie sich mit hochwertigen Sonderangeboten ein.

Pater H. Jackson Brown, der es ja wissen muß, empfiehlt das schließlich auch: »Tragen Sie teure Schuhe, Gürtel und Krawatten, aber erwerben Sie die im Schlußverkauf.« (Tip Nr. 387)

Diese Leute, die von sich behaupten, das einfache Leben

entdeckt zu haben, grinsen darüber zwar nur. Sie fragen dann frech, wie viele überflüssige Klamotten und Accessoires Sie eigentlich schon zusammengekauft hätten mit dieser ungemein ökonomischen Methode, und wie viele Klamotten und Schuhe Sie dadurch im Schrank hätten, mit denen Sie eben nur halb oder viertels zufrieden sind.

Es sei, erklären diese Typen vom einfachen Leben, wesentlich sparsamer, sich ganz bewußt das eine Traumstück zu kaufen, das in jeder Hinsicht paßt, in Farbe, Form und Stil, statt drei Supersonderangebote zu raffen, die dann zusammen dasselbe kosten.

Aber die sind wahrscheinlich nur neidisch auf Ihren Riecher, stark reduzierte Stücke ausfindig zu machen. Und sicher kennen die nicht dieses Glücksgefühl, das Sie beim Auspacken erfüllt, wenn Sie neben dem alten Preis den neuen sehen und dann nochmal zusammenzählen, wie viel Sie gespart haben. Das ist einfach unersetzlich, dieses Gefühl. Auch wenn Sie den Krempel nicht brauchen.

Ohne diese Schuhe bin ich in der Szene durch

Oder: Warum Sie sich weiterhin an In- und Outlisten
halten sollten

Offenbar halten diese Menschen, die einfach leben, Zeitschriftenmacher für Idioten. Denn sie behaupten, In- und Outlisten seien ebenso überflüssig wie lästig. Das kann Ihnen nun wahrhaftig keiner einreden.

Sie wissen, wie Millionen anderer Zeitgenossen auch, diesen Service sehr zu schätzen. Solche Listen sind in Ihren Augen erstklassige Orientierungshilfen im Dschungel des Angebots.

Zu wissen, daß jetzt gerade ein Gucci-Gürtel ein Must ist, daß ein paar Free-Lance-Schuhe unverzichtbar sind, welche

Firma die einzig richtigen Blusen produziert und welches Uhrenfabrikat angesagt ist: das spart doch unendlich Zeit.

Nicht nur, daß Sie ohne diese Listen erstmal überlegen müßten, was Sie davon eigentlich brauchen und was Ihnen steht. Es ist auch schön, durch die listengerechten Einkäufe an Selbstsicherheit zu gewinnen. Und dieses tolle Gefühl im Bauch zu haben: Ich bin dabei, ich gehöre dazu. Ich bin auf der Höhe der Zeit.

Wie es Leuten geht, die diese Listen nicht lesen, kann man ja in anderen Listen nachlesen, wo dann die schlechtest angezogenen Prominenten aufgeführt werden.

Die angeblich einfach Lebenden behaupten natürlich, In- und Outlisten seien eine reine Verdummungsmaßnahme. Zumal immer das Fabrikat unter »In« aufgeführt werde, das in dem jeweiligen Blatt die meisten Anzeigen schalte.

Außerdem, behaupten sie, was dort stehe, saugten sich die Journalisten genauso aus den Fingern wie das Horoskop. Und schon allein die Tatsache, daß monatlich oder wöchentlich etwas Neues für In und Out erklärt werden müsse, disqualifiziere das Ganze. Sie behaupten, wer sich danach nicht richte, spare Geld und geschmackliche Entgleisungen. Und erspare sich außerdem falsche Freunde, denn dort, wo die ultimativen Schuhe oder der ultimative Gürtel als Eintrittskarte Pflicht ist, befänden sich nur Leute, an die man besser keine Zeit verschwende.

Dieses Gerede erinnert Sie sofort an das von Leuten, die in eine Disco nicht reinkommen und dann sagen, die Disco tauge nichts.

Sie haben mit dem, was angesagt ist, beste Erfahrungen gemacht. Denn auch wenn man das Etikett bei Klamotten nicht nach außen tragen kann und nicht alle Produzenten so schlau sind, das Markenzeichen sichtbar anzubringen: Es zahlt sich immer aus, das echte Markenfabrikat zu nehmen. Denn dieser Griff an anderer Leute Genick und der geschulte Blick in die Innenseite ist längst in allen Kreisen üblich. Wer meint, da sparen und andere bluffen zu können, brennt sich gewaltig.

Diese Besserwisser, die von Markenhörigkeit quasseln, haben eben kein Gefühl für den Zeitgeist. Und auch nicht für Signale, die solche Dinge aussenden.

Die einfach Lebenden erzählen, das Klügste und Einfachste sei, in langlebige Klamotten zu investieren und in langlebige Schuhe. Und zitieren dann begeistert den ehemaligen österreichischen Kanzler Bruno Kreisky.

Den griff ein Journalist an, weil er, der Sozialist, Maßschuhe von Wiens teuerstem Schuhmacher trug. Und Kreisky sagte nur: »Das stimmt, aber die hab ich seit zwanzig Jahren.«

Das Beispiel finden Sie schon deswegen albern, weil Maßschuhe vielleicht bequem und schön sind, aber niemals angesagt.

Doch diese einfach Lebenden behaupten, es komme ganz auf die Kombination an. Sie tragen zu einem unübersehbar teuren Teil ein dezentes billiges. Und kaum einer fragt sich, was die schwarzen Jeans unter dem teuren schwarzen Kaschmirsakko gekostet haben.

Diese Typen lassen es auch nicht auf sich sitzen, daß man sie als Modemuffel bezeichnet, die eben nur brave fade Klassiker tragen. Im Gegenteil: Die Freunde des einfachen Lebens sind ganz sicher, gerade das ganz Ausgefallene, wenn es nicht schrill ist, sei zeitlos.

Bei einem normalen Kostüm, Anzug oder Sakko, meinen sie, sei nämlich an Kragen, Reversbreite, Schulterbreite oder Rocklänge haarscharf zu erkennen, wie alt das Ganze sei. Bei exzentrischen Dingen hingegen versage diese Klassifikation.

Auch Bücher-Bestsellerlisten oder Hitlisten für Videos, CDs und Kinofilme sollten Sie sich nicht ausreden lassen. Die sind eine große Hilfe für trendbewußte Leute. Mitreden können ist schließlich die Grundlage jeder Kommunikation heute. Und das Gespräch kommt dann eben immer auf die Dinge, die man gelesen, gesehen oder gehört haben muß, weil alle sie gelesen, gesehen oder gehört haben.

Es ist zwar ärgerlich, wenn nach dem »Literarischen Quartett« das Buch, das Reich-Ranicki ein Meisterwerk genannt hat, ausverkauft ist, aber daraus folgert ein ambitionierter Mensch wie Sie, daß Sie beim nächsten Tip noch in derselben Nacht beim Buchhändler per Internet ein Exemplar ordern.

Die Befürworter des einfachen Lebens amüsieren sich über diesen Aktivismus, aber sollen sie ruhig. Lassen Sie die lästern darüber, daß jemand, der dauernd seinen Individualismus betont, nichts Besseres zu tun weiß, als sich das reinzuziehen, was sich alle reinziehen.

Die kapieren eben noch immer nicht, daß es wirklich ein Argument ist, das funktioniert und Sinn macht. Die meistgekaufte Zeitung zu kaufen, zum Beispiel.

Denn das heißt: mitschwimmen im Mainstream.

Außerdem ist es längst üblich, mit der Tatsache für etwas zu werben, daß ein Produkt beliebt ist. Natürlich geht es Ihnen auch auf die Nerven, wenn Sie sich im Lokal nach einem Wein erkundigen und nur erfahren: »Der wird viel getrunken.« Oder wenn Sie vor sechs verschiedenen Toaströstern stehen und die befragte Verkäuferin Ihnen einen empfiehlt, weil der am meisten gekauft wird. Das hatten Sie gar nicht wissen wollen. Trotzdem: Diese Listen sind unverzichtbar. Kommt das Gespräch auf den neuesten Grisham, dann sind Sie doch außen vor, wenn Sie statt dessen irgendeinen Debütroman gelesen haben, den keiner kennt.

Es sagen dann zwar fast alle das gleiche dazu, weil sie ihre Meinungen dazu ja fast alle aus den gleichen Zeitungen und den gleichen Fernsehsendungen haben, aber das macht nichts.

Logisch, daß die Verfechter des einfachen Lebens auch hier wieder das völlige Gegenteil behaupten. Sie lesen, was ihnen Spaß macht, ganz egal, ob das relevant ist oder nicht, und haben sogar Freude daran, höchst entlegenes, also unbrauchbares Wissen in sich anzuhäufen. Und sie erklären, gerade damit seien sie als Unterhalter äußerst beliebt.

Vielleicht in Kreisen von ähnlich verrückten Außenseitern, mit Sicherheit nicht in der Szene. Und die Szene ist letztlich eben doch der Indikator für das, was wichtig ist.

Bei Lokalen, zum Beispiel. Leider sind da wöchentliche oder monatliche Rankings noch unüblich. Und in diesen Gourmet-Guides erfährt man leider nur, wo gut gekocht wird, nicht, wo die wesentlichen Leute hingehen. Aber es gibt ja Stadtmagazine, in denen gesagt wird, was angesagt ist. Und außerdem gibt es die Mund-zu-Mund-Werbung. Sie jedenfalls kümmern sich drum, da auf dem laufenden zu sein. Und davon kann Sie auch das mitleidige Lächeln dieser Einfachheitsapostel nicht abhalten.

Stimmt schon, daß es in der Bar, die gerade absolut hip ist, arg eng zugeht, daß Sie stehen müssen und riskieren, einen Cocktail übers Sakko gekippt zu kriegen. Stimmt auch, daß in der echt angesagten Disco kaum Platz zum Tanzen ist und die Cola doppelt soviel kostet wie woanders. Stimmt sogar, daß der Italiener, wo man zur Zeit gesehen werden muß, keinen guten Service hat, der Prosecco fad schmeckt und die Mozzarella mit Tomaten in saurem Essig dümpelt. Aber das nehmen Sie in Kauf, denn Sie wissen ja, was Ihnen wichtig ist.

Da können diese Einfachheits-Freaks Ihnen gerne vorschwärmen von einem Lokal, in dem es sensationelle hausgemachte Pasta gibt, ausgezeichneten Risotto und ein Olivenöl zum Niederknien: Was hilft denen das alles, wenn sie dort nur auf fade Gleichgesinnte treffen und nichts mitkriegen von dem, was läuft.

Sollen die ruhig spotten, das Verhalten der sogenannten Szene sei wie Wildwechsel. Das sind eben die typischen Bemerkungen von denen, die nicht dabei sind. Und die Ihnen sogar den Bären aufbinden wollen, es interessiere sie nicht, in irgendeiner Klatschspalte zu stehen.

Bleiben Sie Ihren Listen treu.

Nach Hochzeit div. Designer-Wasserkessel preisw. abzug.

*Oder: Wie Sie auch in Zukunft mit Geschenken bedacht werden,
die Sie nicht brauchen*

Hochzeitslisten sind eine Erfindung für Spießer. Oder für Leute, deren Freunde nicht wissen, was man derzeit schenkt.

Sie jedoch sind jemand, von dem jeder weiß, wie gut er in der Szene zu Hause ist und informiert über das, was gerade aktuell ist.

Außerdem vermitteln Sie durch Ihren ganzen Auftritt: Was man Ihnen schenkt, muß im Trend liegen. Und schließlich geben Sie durch die Geschenke, die Sie anderen machen, auch zu verstehen, was sich gehört. Ein »Must« sollte es sein.

Zumindest, wenn es ein wichtiger Anlaß ist oder Leute, die wichtig sind.

Und Sie wissen, ob das nun gerade der Designer-Wasserkessel ist, die neuen quietschgrünen Gewürzdosen von Alessi, der ultimative Brotkorb oder der unverzichtbare Toaströster in aktuellem Pastellton.

In allen anderen Fällen verschenken Sie irgend etwas, was noch übrig ist und was sowieso nur rumsteht. Ein geschnitzter Elefant, den Ihnen irgendwer mitgebracht hat aus Afrika, ein Weihnachtsteller für die Wand, ein Kitschteil, das Sie irgendwann mal auf dem Flohmarkt gekauft und noch nie benutzt haben, eine jugoslawische Repräsentations-Vase, die Ihnen mal Ihre Putzfrau verehrt hat, diese Rumfrüchte in verdächtig buntdekoriertem Glas oder diese Quarzuhr im Nostalgie-Look, die Ihnen als Werbegeschenk zugeschickt worden ist. Denn wozu sollten Sie Freunden, die Sie eben mal zum Essen einladen, etwas schenken, was Sie in unnötige Ausgaben stürzt?

Es gibt natürlich diese Sorte Knigge-Leser, die im voraus

Blumen in der Farbe schicken, die in die Wohnung paßt. Und wenn sie die noch nicht kennen, dann schicken sie die Blumen am Tag danach.

Für Sie sind die normalen Mitbringsel eine willkommene Gelegenheit, endlich mal zu entsorgen. Das ist äußerst vernünftig.

Erstaunlich ist nur, daß diese Kiste mit zu entsorgenden geschenkten Geschenken einfach nicht kleiner wird. Ständig füllt jemand etwas Neues nach. Dabei sagen Sie mittlerweile ziemlich deutlich die Marke dazu, wenn Sie einen neuen Toaströster wollen. Aber dann heißt es: »Den gab's nicht mehr, leider, aber der gefällt dir sicher auch. Du kannst ihn jederzeit umtauschen.«

Natürlich liegt dann keine Rechnung dabei.

Und im Grunde sind Sie ja froh, daß Sie keinen geschnitzten Elefanten bekommen haben. Oder diese Rumfrüchte, die irgendwann schon mal bei Ihnen waren. Ja, dieselben, nicht nur die gleichen.

Die Verfechter des einfachen Lebens sagen nun, Sie seien selber dran schuld. Nicht an allem, aber an vielem. Das ist herzlos und geschmacklos.

Doch die behaupten, Sie würden sich eben das einhandeln, was Sie hergeben.

Aber so stimmt das nun auch wieder nicht. Sie kennen Leute, die äußerst großzügig schenken, und auch nur Mist mitgebracht bekommen.

Na also: Dieses unnötige Engagement sparen Sie sich, von besagten besonderen Anlässen abgesehen.

Und dann gibt es eben überflüssige Geschenke, mit denen man leben muß.

Wenn es nun mal die Erbtante war oder Ihre Eltern, deren Haus Sie mal übernehmen, die Ihnen diese Landschaft in Öl geschenkt haben, dann hängen Sie's in Zasters Namen auf.

Was Sie wirklich hassen, sind Leute, die Ihnen Widmungen in Bücher schreiben. Wie soll man die weiterverschenken?

Dabei haben Sie jede Menge solcher Bücher, die sich Coffeetable-Books nennen und nicht zum Lesen, sondern zum Vorzeigen gedacht sind. Die einfach dekorativ und natürlich aufgeschlagen daliegen, so als habe gerade jemand drin geblättert. Und sogar der weise Pater H. Jackson Brown legt doch unter der Nr. 19 seinen Anhängern nahe: »Kaufen Sie große Bücher, auch wenn Sie sie niemals lesen.«

Die Freunde des einfachen Lebens verkünden, sie hätten das einfachste Rezept für sinnvolles Schenken und beschenkt werden. Sie gäben die Devise aus, die sie selber auch befolgen: Schenkt etwas zum Verzehr. Ein Stück Parmesan, ein Glas guter Mamelade oder Honig, eine Flasche Wein oder Champagner, ein Olivenöl (es darf auch nur $1/4$ Liter sein) oder ein Walnußöl, einen Aceto balsamico oder ein paar getrocknete Steinpilze.

Denn sie behaupten, die Praxis des Wanderpokals sei ebenso ein Bumerang wie die des trendgerechten Wasserkessels.

Aber warum sollten Sie solchen abstrusen Theorien glauben?

Lieber leben Sie damit, daß die besagte Kiste mit Geschenkeschrott immer wieder voll wird. Oder geben nach großen Festen eben eine Kleinanzeige auf.

DER LUXUS,
ZEIT ZU HABEN

Schnell ist gut. Schneller ist besser. Und das Beste ist es, der Schnellste zu sein. Das ist keineswegs banal gedacht. Denn es ist ja schließlich nicht nur im Sport so. Auch an der Börse, oder wenn es um besonders attraktive Immobilien geht oder darum, ein neues Produkt auf den Markt zu bringen: der Schnellste macht das Rennen. Meistens jedenfalls.

Es gibt da jetzt höchst befremdliche Tendenzen, die sich »Verlangsamung der Produktzyklen« nennen.

Am 18. März 1993, sagen die Langsamkeitsfanatiker, sei ein Wunder geschehen.

Ausgerechnet auf dem »Stuttgarter Strategieforum« sei ausgerechnet ein Japaner, nämlich Akio Miyabayashi, Europadirektor der Minolta Camera Co. Ltd., Osaka, ans Rednerpult getreten und habe den anwesenden Managern verkündet: Das Just-in-Time-Prinzip, das zentrale Prinzip effizienter Massenproduktion, sei am Ende. Wo das doch nirgendwo effizienter betrieben und nirgendwo mehr zur Perfektion getrieben wurde, als in Japan. Aber in Japan, verkündete der Japaner den europäischen Kollegen im Management, zeichne sich bereits der Abschied von der Wegwerfgesellschaft ab. Und er sähe nur eine einzige Chance für die Wirtschaft im nächsten Jahrtausend: den Umstieg auf langlebige Produkte und verlangsamte Produktzyklen.

Die Gründe: Staus auf den Straßen, unerträgliche Luftverschmutzug und vor allem, so Miyabayashi, der Kunde. »Der Verbraucher spielt nicht mehr mit.« Der sei zum Beispiel nicht mehr bereit, die neueste Kamera zu kaufen, nur weil es die neueste sei. »Er merkt«, so seine gotteslästerliche Behauptung, »daß er die alte Fotokamera genausogut weiterbenutzen kann.«

Industrie und Verlangsamung, Japan und Auf-die-Bremse-

treten: das klingt absurd. Und davon quatschen diese Einfach-
heits-Fanatiker natürlich begeistert. Angeblich gibt es Firmen,
die festgestellt haben, daß die zunehmende Beschleunigung
von Produktzyklen, also die immer schnellere Herstellung
eines neuen Modells, ziemlich viel Streß beschere in Gestalt
von Reklamationen und von Verwirrung, weil selbst die
Fachleute sich überfordert sehen damit, jedes halbe Jahr ein
neuartiges Gerät, ein neues Modell – Fotoapparat, Video-
kamera, Kopierer oder Notebook – bedienen zu können. Und
es gibt angeblich bereits Erkenntnisse, daß die Verlangsamung
von Produktzyklen finanziell lohnend sei. Daß es einen
Trend gebe zu langlebigen Produkten und daß ein Überra-
schungserfolg wie der von ›Manufaktum‹ das bestätige, die
damit werben, patinafähige Gebrauchsgegenstände zu verkaufen.

Aber Sie hat das nicht zu interessieren. Wahrscheinlich sind
das auch nur periphere Erscheinungen, denn an Grundgeset-
zen wie dem, daß schneller besser ist, kann sich nichts ändern.

Sogar in der klassischen Musik hat sich Schnelligkeit seit
Jahrzehnten bewährt.

Es bringt einfach Publicity, wenn einer Chopins Minuten-
walzer in 50 Sekunden spielt. Braucht er 80 dazu, schreibt
kein Schwein eine Zeile drüber.

Natürlich wird es immer Leute geben, die behaupten, diese
rasenden Tempi seien nicht schön. Und die Besserwisser von
der einfachen Seite zitieren dann noch mit Inbrunst Mozart
persönlich.

Der sich in einem Brief an den Vater vom 17. Januar 1778
bitter beklagt hat über einen gewissen Abbé Vogler, der bei
einer Einladung eines seiner Werke gespielt hat.

*». . . vor dem Tische hat er mein Concert (. . .) Prima vista herabgehu-
delt. das erste stuck gieng Preßtißimo. den Baß spielte er meistens anderst als es stund, und bisweilen machte er ganz eine andere Harmonie
und auch Melodie. es ist auch nicht anderst möglich, in der geschwin-*

digkeit. die augen können es nicht sehen, und die hände nicht greifen. ja was ist den das? – so ein Prima vista spiellen, und scheissen ist bey mir einerlei. die zuhörer/ ich meyne diejenigen, die würdig sind, solche genannt zu werden/ können nichts sagen, als daß sie Musique und Clavier spielen – gesehen haben. sie können sich leicht vorstellen das es nicht zum ausstehen war, weil ich es nicht gerathen konnte ihm zu sagen, viell zu geschwind. übriges ist es auch viell leichter eine sache gewschwind, als langsam zu spielln. man kann in Pasagen etliche Noten im stich lassen, ohne daß es jemand merckt; ist es aber auch schön? – man kann in der geschwindigkeit mit der rechten und linken hand verändern, ohn das es jemand sieht und hört: ist es aber schön?«

Mit solchen Dokumenten, solchen bemühten Pseudo-Argumenten wider ein flottes Tempo, kann Ihre Position keiner schwächen.

Abgesehen davon, daß Künstler bekanntlich zum eigenen Werk ohnehin einen problematischen Zugang haben: Das alles ist schließlich zweihundert Jahre her, und damals ging es überall langsamer zu, so daß dem guten Mozart das Schnelle eben noch schneller vorkam. Aber heute, im Zeitalter der Marserkundung, gelten andere Prinzipien.

Da heißt es in jeder Hinsicht beschleunigen. Dafür braucht es natürlich auch optimale Strecken. Und wie die aussehen, wissen Sie.

Das Basiswissen für Karriere und Erfolg haben Sie nämlich, seit Sie sechs oder sieben sind. Da haben Sie allerspätestens gelernt, daß der kürzeste Weg von A nach B die Gerade ist. Und daß der kürzeste Weg immer der schnellste ist.

Ihr Mitleid für alle, die das noch immer nicht kapiert haben, ehrt Sie.

Aber insgeheim geben Sie natürlich zu, daß solche Einfaltspinsel eigentlich Ihr Mitleid gar nicht verdienen.

Benjamin Franklin hat den Satz »Time is money« schließlich schon vor dem Blitzableiter geboren, er steht also jedem zur Verfügung.

Wer zu Umwegen gezwungen wird, der hat Ihr volles Verständnis. Aber wer sich ohne Zwang abbringen läßt von der Direttissima, der ist nicht mehr zu retten.

Früher war es vielleicht üblich, um einen Partner zu werben, mit Briefen, Blumen und ähnlich verschwenderischen Aktionen. Aber mittlerweile ist doch sogar der Leitsatz, nicht gleich in der ersten Nacht mit jemand neuem ins Bett zu gehen, mittels eines Präservativs außer Kraft zu setzen.

Lächerlich, diese gezierte Flirterei. Der direkte Weg von A = Anmache nach B = Beischlaf schreckt nur verklemmte Typen beiderlei Geschlechts ab, die eben nicht gut und schnell bei anderen ankommen und sich dann auf ihre gute Erziehung oder Höflichkeit herausreden.

Sie und alle anderen, die einen starken Auftritt haben, können auf solche Ausflüchte verzichten.

Zumal sich diese unumwundene Methode auch im weiteren bewährt. Viel schneller als irgendwelche zögerlichen Menschen können Sie feststellen, ob er oder sie der/die Richtige beziehungsweise Falsche ist und die entsprechenden Konsequenzen ziehen. Wenn es in der ersten Nacht nicht richtig klappt, können Sie zügig und ohne unnötige Kosten für Werbung diese Dame oder diesen Herrn entsorgen. Ist doch tragisch, wenn sich da ein Typ um ein Mädchen bemüht, sie dreimal zum Essen einlädt und dann erst merkt, daß sie die Sorte Busen hat, die ihn absolut abturnt. Jedes Auto kann man heute Probefahren.

Sie halten sich da lieber an das Vorbild jenes jungen Mannes, der um die behütete und etwas prüde Tochter besorgter Eltern wirbt.

Der Bewerber wird von den potentiellen Schwiegereltern gehätschelt und verwöhnt.

Als die endlich wissen wollen, was nun los sei, sagt er:

»Sie müssen verstehen, ich will die Katze nicht im Sack kaufen. Ich will sie vorher sehen, wie ... wie Gott sie geschaffen hat.«

Seufzend erklären die Eltern ihr Einverständnis. Der junge Mann zieht mit dem Mädel ab in seine Bude.

Am nächsten Morgen meldet sich deren Vater und will wissen, was nun Sache sei.

»Tut mir leid«, sagt der junge Mann. »Die Nase gefällt mir nicht.«

Das ist natürlich nicht sehr nett, aber Sie verstehen ihn, daß er nicht noch mehr Zeit verschwenden wollte.

Zeitverschwendung ist für Sie ein Laster, das in seiner Tragweite gar nicht gebührend beachtet wird. Schließlich sind sämtliche fortschrittlichen Erfindungen und Entwicklungen daran zu erkennen, daß sie Zeit sparen.

In den USA hat das Teleshopping den Einkaufsbummel verdrängt, dort wie hierzulande die Mikrowelle den Herd, das e-mail das Fax, erst recht den Brief.

Sie haben verinnerlicht, was Zeitgeist heißt: Zeitspargeist zu haben.

Was Sie gelegentlich wundert, ist nur, daß es da immer wieder Leute gibt, die all das nicht beherzigen. Stundenlang kochen sie irgendwelche Gemüse- oder Hühnerbrühen, anstatt eine Instant-Brühe im Glas aufzugießen, waschen Spinat, anstatt welchen aus der Tiefkühlung zu nehmen, schaben Karotten, anstatt sich der Konserven zu bedienen. Aber das sind auch meistens dieselben Typen, die ›Der Name der Rose‹ gelesen haben, auch diese endlosen Kapitel, in denen angeblich fast nichts passiert, anstatt sich die Geschichte im Kino oder per Video reinzuziehen.

Effizienz heißt eines Ihrer Lieblingswörter. Und effizient kann nur sein, was schnell funktioniert. Dafür kennen Sie nun genügend Beispiele.

Alle spektakulären Karrieren zeigen, daß es nichts bringt, auf breite Allgemeinbildung zu setzen und alle möglichen Nebeninteressen zu entwickeln.

Nur wer von Kind an am Computer sitzt, in seiner Freizeit

Computerspiele spielt, auf dem Internet surft oder anderer Leute Systeme knackt, wird früh ein Coumputerspezialist und mit 24 Millionär.

Wer so schlau ist, die erste Seminararbeit im Studium über ein Thema zu schreiben, dem dann auch die Hauptseminararbeit, die Diplom- oder Magisterarbeit und vielleicht die Doktorarbeit gewidmet ist, der hat etwas kapiert.

Der Triumph des Spezialistentums ist doch ein Triumph der Geraden.

Umwege sind töricht, Auswege sind kläglich, Abwege moralisch bedenklich.

Die Gerade ist es und nur sie, auf die wir uns einschwören sollten.

Vielleicht finden Sie in Ihrer hart ersparten Freizeit neben allen Freizeitverpflichtungen auch noch ein bißchen Zeit, sich mit Exoten zu befassen, die das einfache Leben predigen. Ganz unverbindlich. Es gibt da nämlich ein paar vermutlich perverse Menschen, die seit einigen Jahren behaupten, der wahre Luxus liege in der Langsamkeit.

Eine ihrer wirklich dreisten Thesen heißt, hinter allem Beschleunigen stecke die Angst vor der Einsamkeit.

Eine absurde These, sagen Sie?

Gut so. Schließlich sind Sie, ob Single oder nicht, ob Familienmutter, -vater oder ein kinderloses Paar, niemals einsam. Sie tun schließlich etwas, um attraktiv zu sein, und so jemand hat an jedem Finger seiner Hand zehn Kontakte und Drähte nach überallhin.

Also treten Sie an gegen diese schamlose Unterstellung, an Ihrem zu vollen Kleiderschrank oder gar daran, daß Sie gerne zügig Ihren Urlaubsort anreisen, sei die Angst vor Leere und Einsamkeit schuld.

München – Florenz mache ich in sechs Stunden

Oder: Wie Sie dabei bleiben,
alles konsequent durchzuziehen

Ökonomisch sein: das ist für Sie eine Selbstverständlichkeit. Rational planen, rationell umsetzen – damit haben Sie die besten Erfahrungen gemacht, beruflich wie privat. Insofern wundern Sie sich, daß die Einfachheitsapostel ausgerechnet Ihnen etwas vorauszuhaben glauben.

Schließlich sind Sie prinzipiell gegen Verschwendung, ob da nun Geld, Zeit oder Kraft verschwendet wird. Auf eine Sorte Versucher fallen Sie deswegen niemals herein: Auf solche, die Ihnen einreden wollen, das Umständlichere sei besser. Sofort wittern Sie da Unrat. Diese Circe im Autoradio, zum Beispiel, die Sie verleiten will, von der Autobahn abzufahren bei der nächsten Gelegenheit und über irgendwelche Landstraßen und Dörfer Ihre Route fortzusetzen. Lohnt sich doch, den Stau durchzuhalten: Sollen sich irgendwelche wankelmütigen Pseudo-Pioniere ruhig in der Pampa verfahren. Denen fehlt eben etwas Wesentliches – das Durchhaltevermögen. Daß manche Ihr Vorgehen stur nennen oder verbohrt, kratzt Sie nicht. Sie finden es konsequent und damit haben Sie recht. Denn nicht nur im Job, auch in der Freizeit, speziell in der Ferienzeit, blieben Sie Ihren Prinzipien treu.

Daß die Einfachheitsapostel nun behaupten, ihre Art zu reisen sei wirklich ökonomisch, halten Sie für absurd. Offenbar geht es denen nicht mal darum, die lästige An- und Rückreise kurz zu halten.

Bei ihnen sei die Anreise bereits Genuß, sagen die vom einfachen Leben. Weil es eine Entdeckungsreise sei. Dann schwärmen sie von köstlichem authentischem Essen in Landgasthäusern, von romanischen Kirchenbauten, landschaftlichen Offenbarungen, von Gutshöfen auf sanften Hügeln, von mohnroten Wiesen oder Zypressenalleen.

Diese Weltfremdlinge verzichten anscheinend auf die wirklich freiheitlichen Rechte. Auf das Recht, die Autobahn zu nutzen, auf das Recht, immer die Gerade zu nehmen, auf das Recht der ökonomischsten Lösung.

»Was«, haben Sie zu Recht gefragt, »versteht Ihr eigentlich unter Freiheit?«

»Vor jeder Kreuzung, an der sie eigentlich geradeaus fahren sollten, zu wissen: Ich kann auch rechts oder links abbiegen. Und es wird die Welt deswegen nicht zusammenbrechen«, war die Antwort.

Freiheit, behaupten diese Vögel, sei das Gefühl, jederzeit anhalten und aussteigen oder umkehren zu können. Nicht die Auswahl an Produkten, vielmehr die Auswahl an Lebens- und Entscheidungsmöglichkeiten bedeute für sie Freiheit.

Denn sie haben sich, sagen sie, ein für allemal verabschiedet von der Geraden und dem Glauben an die Pracht und Herrlichkeit linearer Systeme.

Weil sie kapiert haben, sagen sie, daß die direkte und angeblich rationellste Methode, ein Problem, ein Ziel oder einen Menschen anzugehen, nicht empfehlenswert ist. Sie sei meistens nicht die schnellste, selten die effektivste und nie die genußreichste. Nur die folgenreichste, was negative Nebenwirkungen und Folgeerscheinungen angehe.

Beispiele, das muß man ihnen lassen, haben sie immer mehr als genug parat.

Im letzten Jahrhundert hat es, wissen sie, zwischen Warschau und Hamburg 16 Zeitzonen gegeben. Wäre das heute noch so, gäbe es kein Ozonloch und kein Waldsterben. Um die Wette leben, halten sie für kriminell, sich selber und anderen gegenüber. Und für wahnwitzig erklären sie die Vorstellung, das Lebenstempo sei weiter zu beschleunigen. In den letzten zwanzig Jahren hat sich die Geschwindigkeit der menschlichen Fortbewegung verzwanzigfacht. Und das Ergebnis solcher Rekorde sei, daß laut eigenen Aussagen jeder dritte Deutsche zugibt, sich selber auf die Nerven zu gehen und Ereignislosigkeit nicht zu ertragen.

Die vom einfachen Leben unterstellen ihren Mitmenschen sogar, die meisten wüßten eigentlich genau, daß dieser Schnelligkeitswahn krankhaft und krankmachend sei. Nur das zuzugeben fiele ihnen schwer. Am ehesten täten sie's noch anonym. Schon im Mai 1993 hat der ›Stern‹ ein Umfrageergebnis veröffentlicht, demzufolge 73 % der Deutschen über Hektik klagen oder über das Diktat der Schnelligkeit. Die Einfachheitsapostel behaupten, für Leute wie sie sei das Ziel zweitrangig geworden. Nur viel Strecke in wenig Zeit zu bewältigen, sei noch von Interesse, weil man damit Eindruck mache – bei anderen und sich selber. Gut, es stimmt, daß auch die Wurstverkäuferin im Supermarkt damit renommiert, sie sei über Weihnachten in Ceylon gewesen. Und nicht nur in den bayrischen Alpen zum Skilanglaufen.

Zur eigentlichen Elite gehörten heute die, sagen die Dinos, die sich Zeit lassen. Denn nur sie brächten etwas Unbezahlbares und Seltenes aus dem Urlaub mit nach Hause: neue und tiefe Erlebnisse.

Sie sollten sich weiterhin gegen solche Reden sträuben. Zielbewußtsein gilt doch als Tugend, als eine erfolg- und gewinnversprechende Qualität.

Allerdings, so einfältig, als knallharter Karrierist aufzutreten, ist heute kaum mehr einer und Sie bestimmt nicht. Eine Frau, in deren Pupillen die Digitalzahlen blinken, ein Mann, der nur an Beförderung denkt, ein Mensch also, der geradezu unmenschlich zielfixiert und erfolgsorientiert ist, wirkt schlicht unsympathisch.

Es hat sich ja nun rumgesprochen, daß man sich damit Feinde zieht und Mißtrauen sät. Mit dem Karrierewillen ist es wie mit dem Lifting: Auch wenn alle Bescheid wissen, will keiner, der's gemacht hat, sich dazu bekennen. Soll alles ganz natürlich wirken, die reibungslos glatte Karriere wie die makellos glatte, geraffte Visage.

Deswegen bedienen sich kluge Leute im Esoterikkaufhaus dort, wo es nicht zu sehr wabert. Besonders gerne in der Abteilung »Asiatische Lebensweisheit«.

Dort findet sich der wahrlich multifunktionale Spruch: »Der Weg ist das Ziel.« Wenn das nicht nach Besinnlichkeit und Nachdenklichkeit klingt. Umweltfreundlich, menschenfreundlich.

Dieser Satz entspricht den Leggings: Er ist dehnbar nach allen Richtungen, mißbrauchbar bei jeder Figur und verdeckt die Wahrheit recht erfolgreich.

Er ist für alles geeignet. Das haben sogar Vorstandsvorsitzende entdeckt, die diesen Spruch verwenden, obwohl ihnen der Weg so egal ist wie das berühmte Fahrrad, das irgendwo in China umfällt. Er macht sich einfach so schön milde.

Zugegeben, solche Sprüche sind dann Camouflage, reine Attrappe, aber sie sind zeitgemäß. Und darauf kommt es an. Wenn so eine Attrappe Rechtfertigungen und Diskussionen erspart, dann unterstützt sie das Prinzip der Geraden und ist damit in jeder Hinsicht gut.

Etwas zu verbergen und zuzudecken, was einem peinlich ist oder was andere peinlich finden, das ist ja nicht schändlich.

Genieren muß man sich nur, wenn die Verdeckung spießig wirkt statt chic.

Natürlich sind Häkelmützen über Klopapierrollen albern, aber eine Metalldose aus Chrom von einem italienischen Designer, die demselben Zweck dient, ist in Ordnung. Sie verbirgt die nackte Notwendigkeit, für die Menschen wie Sie sich schämen. Sie wollen nicht, daß jemand an Ausscheidungen denkt, wenn er Ihr Bad betritt und wollen ebensowenig, daß man Sie für karrieregeil hält, wenn man Ihnen ins Auge sieht.

Der Satz, der Weg sei das Ziel, aus dem Munde eines karrierebewußten Menschen zeigt Ihnen also nur, daß dieser

Mensch so klug ist, sein unerbittliches Zielbewußtsein zu tarnen, sich somit unliebsame Diskussionen über Rücksichtslosigkeit oder Einseitigkeit zu ersparen, um unbemerkt auf der Autobahn weiterzufahren. Immer schön geradeaus.

Eigentlich, davon lassen Sie sich nicht abbringen, müssen moderne Menschen natürlich auch an dem Prinzip der Geschwindigkeitssteigerung festhalten. Und wenn diese Dinos behaupten, das bringe weder Zeit-, geschweige denn Lustgewinn, dann überhört man sie eben.

Schließlich sind die auch so dreist, zu behaupten, die wahre Reisekultur eröffne sich erst dem, der langsam sei. Diese Typen vom einfachen Leben sehen zwar erholter aus, wenn sie aus dem Urlaub zurückkommen, aber sie haben auf den Dias und Fotos − Videos drehen die meistens nicht − auch nur Motive drauf, die kaum einer kennt.

Zielbewußte Menschen wie Sie knipsen und filmen exakt die wesentlichen Ziele.

In Florenz? Die Domkuppel und Davids Michelangelo.

In Rom? Das Pantheon und die Kolonnaden Berninis im Vatikan.

In Athen? Jawoll, die Akropolis.

In Washington? Das Weiße Haus.

In Paris ? Keine Frage, den Eiffelturm.

Nur, wenn Sie diese Wahrzeichen verewigen, kann jeder hinterher sehen, daß Sie Ihr Ziel erreicht haben. Zwar gibt es diese Motive schon millionenfach in Postkartenformat oder jeder anderen Wiedergabeform, aber das sind ja keine Beweise dafür, daß *Sie* Ihr Ziel erreicht haben. Und zwar zügig.

Ihre Leistung und *Ihre* Rekorde können nur durch *Ihre* Bilder dokumentiert werden.

Jedes ist ein Leistungsnachweis und führt vor, daß man Florenz in eineinhalb Tagen machen kann, auch Madrid oder Barcelona oder LA.

Nur so wird die im Urlaub erbrachte Leistung auch vergleichbar.

Das können wir sehr schön von amerikanischen Touristen lernen.

Liegen zwei Frauen aus Oregon neben ihren Männern am Pool.
Einem Pool, ziemlich in der Mitte zwischen Pisa, Siena, San Gimignano und Florenz.
»Have you been in Florence?« fragt die eine Frau aus Oregon.
»Oh, yes, it's great.«
»Did you see the David?«
»Oh yes, he's great! But did you see the Dome?«
»Oh yes, it's great.«

Nach dieser höchst rationellen Methode wird nun festgestellt, daß wahrlich alle vier den Schiefen Turm in Pisa gesehen haben, die Geschlechtertürme von San Gimignano sowie den Platz, auf dem in Siena der Palio stattfindet.

Dieses Gemeinschaftserlebnis, diesen verbindenden Erfahrungsaustausch haben die Spinner, die das einfache Leben propagieren, niemals.

Denn wer irgendwelche entlegenen Sehenswürdigkeiten betrachtet, die andere gar nicht kennen, worüber soll der sich dann bitte unterhalten?

Die Spinner, die vom einfachen Leben reden, schwärmen wie immer von etwas ganz anderem. Davon, daß in wenig bekannten Galerien, schwer zugänglichen Schlössern oder Villen, in Klöstern abseits der Touristenrouten wahre Schätze zu entdecken seien.

Und das Sture an ihnen: Die gehen nicht, wenn sie im Louvre sind, wie jeder normale Mensch erst mal zur Mona Lisa und dann zur Felsgrottenmadonna, sogar die Venus von Milo lassen sie links liegen, und versinken dann selig in der Betrachtung eines kleinen Chardin oder treiben sich in der Abteilung für französische Plastik des 18. Jahrhunderts herum, wo der spitznasige Voltaire in Marmor zu besichtigen ist. Wen interessiert schon Voltaire?

Das kommt einem wirklich vor, als wollten die einem vor-führen, was sie an entlegenen Nebensächlichkeiten alles aus-findig machen können. Aber diese Dinos lächeln solche Kri-tik nur weg und betonen, ihnen gehe es ums Erlebnis und das hätten sie dort ganz einfach. Ganz einfach!

Fängt doch mit den Schwierigkeiten bereits da an, daß über diese peripheren Dinger kaum etwas in irgendeinem Führer steht, jedenfalls nicht in jenen höchst praktischen, die nach dem Prinzip »Der Louvre in einer Stunde« aufge-baut sind.

Als gut englischsprechendem Kosmopoliten imponiert je-mand wie Ihnen sicher der Ausdruck: »We managed Florence in two days.«

Da wird wenigstens deutlich, daß es hier um Management geht, um Organisation. Was zählt, ist, daß Sie im Getty-Mu-seum waren, nicht wie lange.

Imponiert doch keinem, wenn Sie vier Tage brauchen, um sich durch den Louvre zu ackern und nachher irgendwelche Kleinmeister zu kennen, die sonst niemandem auffallen.

Wie viele kulturelle Musts Sie gemacht haben, das hat Rele-vanz.

Da muß man sich eben damit abfinden, daß drei japani-sche, eine amerikanische und eine englische Reisegruppe gleichzeitig die Mona Lisa besichtigen wollen. Da muß man sich eben dran gewöhnen, daß beim Knipsen des David ein paar Schirme stören – wie sollen sich die Reisegruppenleiter sonst bemerkbar machen? Muß man eben akzeptieren, daß der Eintritt in die Alhambra an Ostern und Pfingsten nur durch Schlangestehen zu erreichen ist. Das ist auch nicht schlimmer als der Stau.

Aber an dem Punkt setzen die Besserwisser, die vom einfa-chen Leben reden, schon wieder diese widerlich gelassene Miene auf.

Es sei viel einfacher und intensiver, gegen den Strom zu schwimmen.

Gegen den Mainstream, meinen diese Weltfremdlinge. Und kommen schon wieder mit ihrer fiesen Unterstellung an, hinter dem willigen Aufenthalt in der Masse, hinter dem bereitwilligen Stau- und Schlangestehen verberge sich die besagte Angst vor der Einsamkeit.

In der Einsamkeit begegnet jeder mit Sicherheit einer Person: sich selber. Sagen die. Und das sei vielen Menschen eben unerträglich. Sagen die.

Weil sie dann vom horror vacui, vom Schrecken vor der Leere, von der Angst vor dem Tod befallen würden. Sagen die.

Ganz schön weit hergeholt, sagen Sie.

Und da faseln diese Dinos immer noch vom Glück des wirklichen Reisens.

Mit glänzenden Augen erzählen sie, wie sehr sie der Gedanke fasziniere, daß ein Goethe Wochen unterwegs war, sehr ungemütliche nasse Wochen über die Alpen, über die Via Mala, in denen es ihm in der Kutsche den Hintern wund schlug, und wie dann die Offenbarung Italiens vor ihm aufging.

Wie tief, schwärmen die Dinos, muß dieses Erlebnis gewesen sein. Und sie sind sicher, erst die Intensität dieses Erlebnisses, die uns heute nicht mehr nachvollziehbar sei, habe ihn zu den grandiosesten und sinnlichsten Texten beflügelt.

Die Zeitgeistlichen lassen sich von solchen Spinnern selbstredend nicht beeinflussen. Denn sie wissen, daß alles, was sie predigen, nicht wirklich unbequem klingen darf. Die amerikanischen Ratgeber zum »Simple Life« machen das vorbildlich klar, absolut vorbildlich. Das macht schließlich ihre Religion so beliebt, daß die eigentlichen Opfer, die ihr zu erbringen sind, solche sind, die eine schnellere Amortisierung und eine bessere Rationalisierung versprechen.

Aber Ideen, die nach Entbehrung riechen, sind mit dem Zeitgeist nicht vereinbar, ganz gleich, wie er gerade ausschaut.

Stromlinienförmig und damit windschlüpfrig hat der Zeitgeist zu sein.

Die Zeitgeistlichen sind deswegen keine Feinde der Industrie, ganz im Gegenteil. Sonst käme ja kein einziger Manager mehr zum Coaching. Zwar reden sie jetzt gerade vom einfachen Leben, aber die Leute im Vorstand und knapp darunter bleiben ihre Freunde, ob es TV-Produzenten sind oder die Modemacher oder Reiseveranstalter. Denn sie nehmen diese Lehren zu Recht nicht ernst; sie wissen, daß die Zeitgeistlichen mit diesem Gerede nur einige Gläubige dazu bringen, ihnen ein paar Wochen oder Monate lang zu glauben, aber in Ermangelung praktischer Lösungsvorschläge wird kein einziger ihrer Jünger es wagen, auf Glotze, Designerklamotten, Fernurlaub oder Auto wirklich zu verzichten.

Der Vereinfachungstip von H. Jackson Brown bezüglich Fernsehen heißt folgerichtig: »Schalten Sie das TV-Gerät während des Mittagessens ab.«

Das ist machbar, oder? Das ist eine zeitgeistvolle Empfehlung.

Es gibt da allerdings eine brisante Fraktion der Pioniere. Leute, die die Worte der Zeitgeistlichen so ernst nehmen, wie sie gar nicht genommen werden sollen.

Das sind ernsthafte Menschen, die es wissen wollen und dann eben auf eigene Faust ausprobieren, das Leben zu vereinfachen,

Ein Pärchen beschließt, sich an dem Gedanken der Einfachheit emporzuranken.

Ein kinderloses dynamisches Paar, wohlgemerkt, was die Entscheidung zuerst einmal erleichtert. Und es entscheidet sich klugerweise, das in der Auszeit zu testen, im Urlaub.

Sie nehmen sich vor, wie es der Zeitgeistliche empfiehlt, die Toskana zu erwandern. Das klingt nach echtem Erlebnisurlaub.

Leider hat der Zeitgeistliche keine näheren Angaben gemacht, wie das funktionieren soll.

Schließlich geben echte Geistliche auch nur die dringende Empfehlung aus, eine gute und monogame Ehe zu führen, ohne jegliche praktischen Angaben.

Sie arbeiten nach dem bewährten Prinzip, das Christian Morgenstern in seinem Gedicht über den Heiligen Anton erfaßt hat.

Ein Hecht, vom Heiligen Anton
bekehrt, beschloß samt Frau und Sohn,
am vegetarischen Gedanken
moralisch sich emporzuranken.

Er aß seit jenem nur noch dies:
Seegras, Seerose und Seegrieß.
Die Grieß, Gras, Rose floß, o Graus
entsetzlich wieder hinten aus.

Der ganze Teich ward angesteckt.
Fünfhundert Fische sind verreckt.
Doch Sankt Anton, gerufen eilig,
sprach nichts als: Heilig! Heilig! Heilig!

Dummerweise kennt das Pärchen jenes Gedicht sowenig wie das übliche Verfahren von Zeitgeistlichen. Es ist missioniert, animiert und motiviert.

Weil die beiden zwar auf das Auto, nicht aber auf ihre hygienischen Grundbedürfnisse verzichten wollen, erkennen sie im voraus schon drei Möglichkeiten: Entweder den gesamten Wäschevorrat zuerst in sauberer, dann in schmutziger Form durch Berg und Tal zu schleppen oder allabendlich die kleine Handwäsche zu absolvieren, in der Hoffnung, das Zeug trockne bis zum nächsten Morgen. Oder sich mit Einmal-Dessous aus garantiert kompostierbarem Zellstoff einzudecken. Letzteres scheint ihnen dem Zeitgeist am ehesten angemessen. Denn wenn sie schon soviel Zeit verlieren mit dem gerade angesagten einfachen Urlaubsleben, können sie da wieder welche einsparen. Leider bringen diese Teile das partnerschaftliche Liebesleben während der Ferien völlig zum Erliegen. Frustriert kehren sie heim und verwerfen ein für allemal die Idee des einfachen Lebens.

Die wahren Liebhaber des einfachen Lebens entwickeln ihre Programme für Alltag wie Ferientag ohne zeitgeistlichen Beistand, dafür mit gesundem Menschenverstand. Sie wissen, daß einfach herrliche und herrlich einfache Erlebnisse zuweilen nicht billig sind.

Also reservieren sie im voraus für die Ergehung der Toskana entlang der Wanderstrecke sehr gute Hotels für jeweils zwei Nächte, denn der Ruhetag vor der nächsten Etappe tut gut, und sie lassen währenddessen dort die Wäsche waschen.

Oder sie machen für nicht eben wenig Geld eine Reise, die wirklich auf Goethes Spuren und Methode in der Postkutsche von München nach Verona führt.

Das Leben vereinfachen darf nicht heißen, es grenzenlos ungemütlich zu gestalten oder gar nervenaufreibend (den Hintern reibt eine Postkutschenreise freilich schon ein bißchen auf). Sonst sieht es mit der Ausdauer miserabel aus.

Treu bleibt jeder nur einem Partner, mit dem es sich einfach, aber anregend lebt.

Was Lebensmodelle angeht, gilt dasselbe.

Es muß nach einfachen und einleuchtenden Gesetzen funktionieren.

Leider macht es Arbeit, die zu entwickeln.

Einfach Reisen, sagen die Fortgeschrittenen unter den Dinos, erfordere Strategie und Lässigkeit, Großzügigkeit und Bescheidenheit, Stil ohne Stolz, Vorbereitung genauso wie Spontaneität, Mut und Demut.

Die Spinner, die vom Luxus des einfachen Lebens reden, machen aber sogar noch aus einem New York-Aufenthalt eine völlig unrationelle Angelegenheit. Einen anachronistischen Ausflug ohne jeden Nutzwert. Daß die vom Geld nichts verstehen, merkt jemand wie Sie sofort. Von Kurz-Trips halten die gar nichts, erst recht nicht mit Stand-By-Flügen. Und Christmas-Shopping verpönen sie. Jemand wie Sie kennt in New York natürlich die Adressen der Factory-Outlets, wo die obligatorischen Designerteile für ein Spottgeld zu haben sind, oder Sie kennen zumindest jemanden, der diese Adressen kennt.

Aber diese Typen, die vom einfachen Leben reden, erklären es für den dümmsten Streß, den man sich machen könne, wegen ein paar billiger Calvin-Klein-Unterhosen über den Atlantik zu fliegen.

Wenn irgend jemand im Bekanntenkreis von den Wolkenkratzern und vom Christmas-Shopping erzählt, dann erzählen die vom einfachen Leben auf einmal eine Kindergeschichte von Peter Bichsel.

›Amerika gibt es nicht‹, heißt sie und spielt am spanischen Königshof vor ungefähr 500 Jahren. Der Held: ein Trottel namens Colombin. Sein Job: Hofnarr. Sein Chef, der König, redet ihm ein, er müsse Seefahrer werden und fremde Länder entdecken. Colombin zieht los, versteckt sich monatelang im Wald, kommt schließlich heim und sagt: »Mein König, Colombin hat ein Land entdeckt.« Er weiß allerdings nicht mehr genau, wo. Der echte Seefahrer Amerigo Vespucci fährt also los, es zu suchen, kehrt nach Monaten zurück (in denen auch er sich nur im Wald versteckt hat) und sagt, er habe das Land gefunden. Von da an heißt Colombin Kolumbus und das Land heißt Amerika. »Und wenn sich«, schreibt Bichsel, »zwei von Amerika erzählen, blinzeln sie sich heute noch zu, sagen etwas Undeutliches von ›Staaten‹ oder ›Drüben‹ oder so.« Peter Bichsel ist sich nahezu sicher, daß auch die Amerika-Reisenden heute nur zum Schein ins Flugzeug steigen.

»Dann verstecken sie sich irgendwo, kommen später zurück und erzählen von den Cowboys und von Wolkenkratzern, von Niagarafällen und vom Mississippi, von New York und San Francisco.«

Derzeit erzählen sie dann vom neuen Getty-Museum, vom City-Walk in den Hollywood-Studios, vom Donna-Karan-Factory-Outlet und den tollen Kneipen Downtown. Und alle erzählen, wie Peter Bichsel erkannt hat, das gleiche.

Die vom einfachen Leben behaupten, deswegen sei der Mythos Amerika futsch.

Der sei zur Alltäglichkeit verkommen, wenn er nur im Mikrowellenverfahren einmal jährlich aufgewärmt würde.

Stimmt schon: Wir sitzen im Flieger nach drüben auf dem gleichen Acrylpolster, das wir aus dem Auto oder dem Intercity kennen, eingepfercht zwischen Leuten, die wir auch alle irgendwie kennen, zersägen den wohlbekannten Flugzeug-Lunch mit dem wohlbekannten Kantinenmesser, trinken aus dem üblichen Plastikbecher den üblichen Orangensaft, stieren wie gewohnt in die Glotze, wo die gewohnten Filmchen laufen. Und weg ist der Amerika-Mythos, bevor wir angekommen sind. Paralysiert und fasziniert starren wir dann auf die alten Fotos von Amerika-Fliegern der 30er Jahre (Flugdauer 44 Stunden). Das war noch ein Abenteuer.

Wenn schon Amerika, sagen die Freunde des einfachen Lebens, dann in der Touristenklasse mit einem Überseedampfer. Das sei gar nicht so teuer, aber schlicht unvergeßlich.

Unvergeßlich! Allerdings. Denn wenn Menschen wie Sie schon fast fünf Tage auf Shopping-Tour waren, das Guggi und das Metropolitan Museum gemacht haben, sehen diese Anachronisten, die auch noch irgendwo in Southampton ablegen mußten, gerade erst die Skyline von Manhattan aus dem Morgendunst aufsteigen. Trotzdem behaupten die vom einfachen Leben, nur so könne ein Mythos, der ja einfach monumental sein müsse, seine Wucht zurückgewinnen.

Und mit derselben Hartnäckigkeit, mit der sie die Langsamkeit des Reisens propagieren, schwärmen sie auch vom antizyklischen Reisen. Weil es alles so viel einfacher mache. Diese komischen Vögel kennen Fakten und Daten, nur, um sie zu mißbrauchen. Sie wissen, wann wo Fußballendausscheidungen stattfinden oder große Festumzüge, um genau dort nicht hinzugehen. Sondern dorthin, wo es durch die Menschenballung anderswo angenehm ruhig ist.

Sie kennen, sagen sie, den Weg der Lemminge, um den nicht zu nehmen, und wissen, wann die meisten Menschen mittagessen, um exakt zu dieser Uhrzeit in die begehrten Museen zu gehen. Da sind sie ganz eisern: Verona ohne Opernfestspiele, Salzburg ebenso, Florenz und Paris niemals an Ostern oder Pfingsten, Venedig niemals im Karneval, Wien nie an Silvester, Basel nie zur Basler Fasnacht, München nie zum Oktoberfest.

Jemand wie Sie empfindet das als weltfremd und erkennt, daß an solchen Leuten die wahren Events vorbeigehen. »Genau«, sagen die vom einfachen Leben. »Die gehen an uns vorüber. Wie ein Kelch.«

DER LUXUS,
GESUND
ZU LEBEN

Wie gesund leben geht, wissen Sie genau. Jedes Jahr ziehen Sie das ein- oder zweimal durch. Drei Wochen ohne Alkohol, nur 800 Kalorien am Tag, kein Kuchen, keine Schokolade. Konsequent tun Sie Buße, weil sie vorher gesündigt haben. Natürlich hält so eine strenge Selbstkasteiung keiner lange durch, aber das Ende ist ja absehbar, und dann können Sie erneut zuschlagen. Bis es wieder Zeit zur Buße ist.

Während der Diät haben Sie's natürlich nicht einfach. Jeder Mensch, der keine Diät macht, ist Ihr natürlicher Feind, jede Essenseinladung gerät zur Folter, der Anblick von kalten Büffets oder Bäckereiauslagen zur Strapaze. Lustig macht das selbstverständlich nicht. Und umgekehrt proportional zur sinkenden Stimmung steigt Ihre Reizbarkeit. Aber Gewichtsreduktion im Crash-Verfahren finden Sie sehr viel rationeller, als sich einer Daueraskese zu unterwerfen.

Die vom einfachen Leben behaupten, wie wäre es anders zu erwarten, das Gegenteil. Niemals mitzumachen bei dem Schiffschaukelgeschäft auf dem Rummelplatz der Diäten, das vereinfache das Leben. Und vor allem, sagen sie, werde alles einfacher, wenn einer endlich rauskriege, daß gesund leben die reine Lust sei. Sie lästern über das Gerede vom Sündigen und Büßen und meinen, wer Genuß als Sünde betrachte, sei vom einfachen Leben weiter entfernt als der Sultan von Brunei. Denn diese Denke stehe einem täglich im Weg.

Kühn erklären sie, die meisten gesundheitlichen Probleme von Übergewicht bis Herzinfarkt hätten ihre Ursache in einem falschen Umgang mit der Zeit.

Das ist natürlich eine wahnwitzige Theorie. Aber als Unterhaltungsprogramm durchaus tauglich. So etwas hören Sie sich also mal an.

Ich laß mir nicht von einem Pickel die Karriere ruinieren

Oder: Warum Sie konsequent zu radikalen Mitteln greifen sollen

Es mußte ja so kommen: Genau zwei Tage vor dem Termin, diesem Termin, empfängt er Sie morgens im Badezimmer, dieser ekelhafte Schmarotzer. Er glotzt Ihnen aus seinem gemeinen roten Auge entgegen aus dem Spiegel und Sie hassen ihn dafür. Und das Schicksal natürlich auch, das unübersehbar mal wieder gegen Sie ist.

Wochen-, ja monatelang war Ihre Visage glatt wie ein Babypopo, und nun ist er da, dieser Pickel. Direkt vor dem Vorstellungsgespräch oder vor der Fernsehsendung, in der Sie Talk-Gast sind. Vor der großen Party, vor der Hochzeit, vor dem Rendezvous, vor dem Vortrag, den Sie halten. Erschwerend hinzu kommt das Geschwätz der Hobbypsychologen ringsum, die dann von psychosomatischem Phänomen reden und von dem verkappten Streß, der den Pickel zum Blühen gebracht habe. Diese Anspielungen lassen jeden Pickel nur noch besser gedeihen.

Soll Ihnen damit wohl beigebogen werden, daß Sie selber schuld seien an dieser Intrige der Natur. Das schlucken Sie selbstverständlich nicht. Sicher, es gibt solche Hypochonder, die sich Krankheiten einreden und dann auch kriegen, aber zu denen gehören Sie doch nicht.

Ihnen ist als auf- und abgeklärtem Menschen glasklar, daß der Organismus eigenen Gesetzen gehorcht und daß es schlicht eine unberechenbare Widrigkeit ist, daß er Sie nun auf diese Weise behindern will. Doch als ein fortschrittlicher Denker wissen Sie, daß der Fortschritt der Menschheit darin besteht, genügend Mittel bereitzustellen, um der Natur jederzeit eins auszuwischen und zu zeigen, daß der menschliche Intellekt eben letztlich doch überlegen ist.

In diesem wie in vielen anderen Fällen auch heißt der Waffenlieferant zur Bekämpfung der aufmüpfigen Natur »Pharmaindustrie«. Vieles gibt es ja rezeptfrei, die echten Hämmer aber nicht.

Zur Not machen Sie noch einen Umweg über irgendeine dermatologische Praxis, wo Ihnen dann verraten wird, wie Ihr Pickel auf lateinisch oder griechisch heißt. Das ist bereits der Anfang Ihres Siegeszuges, denn bekanntlich hat man etwas im Griff, sobald man es benennen kann. Die Ansammlung kleiner roter Pusteln um den Mund herum nennt sich also periorale Dermatitis, zu deutsch: Hautentzündung um den Mund rum, und dagegen gibt es etwas. Cortisonsalbe, zum Beispiel. Und weil Sie wissen, daß mehr einfach mehr ist, schmieren Sie die Cortisoncreme recht dick und oft auf die befallenen Stellen. Und siehe da: Der Tag Ihres Auftritts ist ein Tag des Triumphs der Chemie über die Natur. Sie haben zwar noch ein paar rote Flecken im Gesicht, aber die lassen sich mit Hilfe der vielfältigen Angebote der Kosmetikindustrie leicht retuschieren. Und weil sich dieses entschiedene Vorgehen bei Pickeln so bewährt hat, setzen Sie das Verfahren auch anderweitig ein. Mit Erfolg, versteht sich.

Der Schnupfen vor dem Urlaub, die Grippe vor der Prüfung, der Husten vor dem Auftritt, die Halsentzündung vor der Party – wäre doch gelacht, wenn sich das nicht radikal bekämpfen ließe. Und mehr Antibiotika sind einfach mehr. Auch mehr Schnupfenspray bringt einfach mehr. Da können Ihnen diese Typen vom einfachen Leben lange erzählen, dieses Zeug zerstöre langfristig die Schleimhäute. Was irgendwann in drei Jahren sein wird, beschäftigt Sie heute beileibe nicht. Bis dahin gibt es mit Sicherheit ein Mittel, falls die recht haben sollten, um Ihre kaputten Schleimhäute wieder aufzubauen.

Der kürzeste Weg, sich von Beschwerden jeder Art zu befreien ist nun mal der beste. Es geht keine Zeit verloren und an Ihnen geht nichts vorbei, Sie fallen nicht aus und vor allem nicht auf.

Da quasseln die Weltfremdlinge schon wieder davon, all das unternähmen Sie nur aus Angst, aus Angst vor der Einsamkeit, dem Gefühl, nicht dazuzugehören.

Es ist wahr, daß Sie die Krankzeit im Bett vor allem deswegen hassen, weil Ihnen da tausend Gedanken kommen, weil Sie anfangen, übers Sterben nachzudenken. Ausgerechnet Sie in Ihrem Alter, bei Ihrer Kondition.

Wer bei einer Bronchitis nichts Wirksames schluckt, sondern nur harmlose Säfte und Tees und das alles noch bei freiwilligem Hausarrest, fragt sich natürlich irgendwann, ob das mit der Raucherei zusammenhängen könnte. Nur ist das gar nicht das Thema. Es geht um eine Bronchitis und nicht um Nikotin.

Die vom einfachen Leben bringen dann meistens das Beispiel von dem, der zum Internisten geht und jammert:

»Herr Doktor, ich leide am Magen.«

Der Arzt untersucht ihn und befragt ihn. Nach Leibspeisen und Essensgewohnheiten.

»Zum Frühstück esse ich gern Krapfen oder Bienenstich mit ordentlich Sahne.«

Und zum Mittagessen?

»Am liebsten Pommes frites, aber gern auch Schweinsbraten, wenn die Kruste schön dick und knusprig ist.«

Und zum Abendessen?

»Überbackenen Käsetoast mit Schinken. Oder Chili con carne, aber nur wenn's so richtig schön scharf ist.«

Und was er zwischendrin gern zu sich nehme?

»Sahnetorte am liebsten oder Schokolade.«

Sagt der Arzt: »Wissen Sie was, guter Mann? Gehen Sie ruhig heim. Sie leiden nicht am Magen, der Magen leidet an Ihnen.«

Zugegeben, auch dieser Abend, an dem Sie's auf Rat eines Dinos mal ohne Antibiotika probieren wollten und deswegen prompt die Party versäumt haben, war einsam, und Sie hatten ein eigenartiges Gefühl: daß Sie auf dieser verpaßten Party eigentlich niemanden wirklich leiden können. Daß da eigentlich nur hergezogen wird über Leute, die nicht dabei sind. Und auch über viele Anwesende, kaum daß sie Ihnen den Rücken drehen.

Aber solche Anwandlungen gleich als »Angst vor der Einsamkeit« auszugeben und zum Anlaß zu nehmen, alles mögliche im Privatleben zu ändern?

Das ist doch wirklich übertrieben.

Daß die Weltfremdlinge, die vom einfachen Leben reden, zudem behaupten, selbst ein Unfall habe zuweilen Sinn, selbst ein Sturz von der Leiter oder der Treppe oder vom Fahrrad, das hat für Sie etwas brisant Abergläubisches.

Vor allem diese Begründung: Der Körper wolle damit die Ruhe erzwingen, die ihm sonst nicht gewährt werde. Schlicht mittelalterlich finden Sie eine solche Denke.

Es trifft zwar zu, daß Sie vor dem letzten sogenannten Bagatellunfall, der Sie genötigt hat, drei Tage Ruhe zu geben, reichlich überarbeitet und übermüdet waren. Und daß Ihnen hinterher alles wieder leichter fiel. Aber die Vorstellung, das sei sozusagen ein Befehl Ihres Organismus zu eigenen Gunsten gewesen, kommt Ihnen nun doch *zu* einfach vor.

Die Freunde des einfachen Lebens behaupten natürlich, das sei eben das Geheimnis: auf Signale zu hören, auf das, was sich die Stimme der Natur nennt. Und unsere Schwierigkeit bestünde nur darin, daß wir vor lauter Lärm, wie ihn die Geräte der Großkliniken und die Werbetrommeln innovativer Pharmaforscher verursachen, von dieser Stimme nur noch ein Piepsen vernähmen.

Das ist derart atavistisch gedacht, daß jemand wie Sie sich mit Grausen wendet. Außerdem sind Sie zu Hause in der modernen Denkweise, die anstatt zeitaufwendige Reparaturen einzuleiten, lieber ein Ersatzteil einbaut, ein neues und unverbrauchtes.

Macht doch keinen Sinn, ewig rumzudoktern an den Zähnen, wenn es heute beste Jacketkronen, Brücken und Implantate gibt, die ohnehin meistens besser aussehen als das mangelhafte Geschenk der Natur.

Und es fragt sich auch, ob Sie wirklich auf Leberkäse und Eis, Chips und Erdnüsse verzichten sollten, sich außerdem mit Sport rumschinden, wo heute in jeder mittleren deutschen Stadt ein Spezialist da ist fürs Fettabsaugen. Und warum sich ein Leben lang das Rauchen verkneifen, warum nicht schön tiefbraun sein rund ums Jahr, wo ein Lifting mit 40 und das zweite mit 50 die Spuren restlos beseitigt?

Die vom einfachen Leben behaupten, diese Einstellung mache nicht glücklicher, sondern zynischer. Wer so mit sich umgehe, sagen sie, habe eigentlich vor sich selber keine Achtung, könne auch gar keine haben. Und für Leute mit solchen Ansichten, sagen sie, werde das Leben nicht einfacher, sondern schwieriger.

Denn sie gewöhnten sich an eine doppelte Lebensführung, die nicht weit von Bulimarexie entfernt sei: Analog zu Fressen und Kotzen heiße es da eben Draufhauen und Ausbügeln, Gehenlassen und Reparierenlassen.

Übel, solche Unterstellungen.

Zumal das, was diese Leute vom einfachen Leben statt dessen preisen, nicht eben unterhaltsam klingt.

Sie behaupten, es sei eine wahre Lust, eine Erkältung ganz gründlich auszukurieren. Zu spüren, wie die Widerstandskräfte wachsen, wenn das Fieber nicht künstlich unterdrückt wird, tue wohl. Und das Bewußtsein, damit langfristig die eigene Immunlage zu stärken, was sie natürlich mit diversen Forschungsergebnissen belegen, sei doch großartig.

Ist doch interessant, daß so viele Prominente, Schauspieler, Politiker oder Musiker auf die Frage eines Interviewers, was sie denn werden wollten, wenn sie einen anderen Beruf ergreifen müßten, antworten: »Arzt.« Und die meisten Nicht-Prominenten sagen dasselbe.

Dabei haben Sie in gewisser Hinsicht recht, Ihr eigener

Arzt zu sein. Nicht, indem Sie an sich rumdoktern, sondern indem Sie das leisten, worauf es ankommt: sich gesund zu erhalten. Die chinesischen Ärzte wurden früher nur dafür bezahlt, daß ihre Patienten gesund blieben. Wurde einer krank, mußte er umsonst behandelt werden. Starb er vorzeitig, mußte der zuständige Arzt an seinem Haus eine rote Lampe anbringen. Und Praxen mit vielen roten Lampen vor der Tür mied jeder intelligente Mensch.

Die vom einfachen Leben behaupten, darin liege eigentlich das ganze Geheimnis: Schadensverhütung zu betreiben und es gar nicht erst soweit kommen zu lassen, daß Schäden behoben werden müssen. Aber die reden sich leicht. Jemand, der so eingespannt ist wie Sie, hat eben oft nicht die Zeit, regelmäßig zur Krebsvorsorge zu gehen. Und eine Mammographie, wird erzählt, müsse einfach unangenehm sein.

Die vom einfachen Leben sagen dann nur schlicht, die Zeit, die Sie im Ernstfall bräuchten, um einen Krebs operieren und bekämpfen zu lassen, der zu spät erkannt worden ist, verhalte sich zu der Zeit, die Sie für die Vorsorge brauchen, wie ein abgebrochener Zehennagel zu einem amputierten Bein. Und kommen dann mit dem neunmalklugen Spruch: Wer in jungen Jahren die Gesundheit opfere fürs Geld, müsse später sein Geld opfern für die Gesundheit. Aber zu diesem »Später« haben Sie eben eine optimistische Einstellung.

Es wird doch ständig irgendwas erfunden. Gegen AIDS haben die bestimmt auch bald was – wozu sich also mit diesem blöden Gummi rumplagen?

Außerdem beruht doch ungeheuer viel auf Veranlagung. Es gibt einfach Familien, in denen oft Brustkrebs oder Herzinfarkt vorkommt und andere, wo das kaum einer bekommt. Und gegen dieses Schicksal ist eben jeder machtlos.

Klar, daß die Freunde des einfachen Lebens das bestreiten.

Sie reden dann von Warnsystemen. Und zu wissen, daß es in der Familie bestimmte Dispositionen gebe, bestimmte Schwächen, sei eben so ein Frühwarnzeichen.

Und dann empfehlen diese Typen ihre Tricks: Einen Arzt oder eine Ärztin suchen, die einem rundum sympathisch ist und in einer Praxis arbeitet, in der man sich wohlfühlt. Außerdem sollte es, gerade beim Frauenarzt, beim Zahnarzt und beim Hausarzt, eine sein, die ganz bequem zu erreichen ist.

Denn die langen Wallfahrten zu einem Spezialisten oder einem angeblichen Guru, sagen sie, unternähmen die meisten Leute doch erst, wenn's ihnen richtig dreckig geht.

Aber das sind halt gestrige Typen. Die erklären glatt, Paracelsus habe recht, der gesagt hat: »Unsere tägliche Nahrung soll unsere Medizin sein.« Der kannte eben kein Kantinenessen.

Und außerdem: Essen kann ja wohl keine Medikamente ersetzen. Oder?

Da kaust du doch Stunden an dieser Rohkost

Oder: Warum Sie keiner daran hindern sollte, Fast food zu essen

Der Satz steht meistens ziemlich weit vorne in den Sprachführern, weil er eben weltweit wichtig ist. Und wahrscheinlich beherrschen Sie ihn längst in Englisch, Französisch, Italienisch oder Spanisch. Er steht unter der Rubrik »Im Restaurant« und heißt: »Was können Sie mir sofort bringen?«

In einem ordentlichen McDonald's oder Pizza Hut brauchen Sie diesen Satz ja nicht, aber es gibt eben immer noch Käffer, gerade im Mittelmeerraum, die über sowas nicht verfügen. Und auch zu Hause oder wenn die Mittagspause kurz ist, ist es einfach unmöglich und vor allem unzumutbar, auf irgendwelche frisch zubereiteten Gemüse oder Salat zu warten. Denn diese Warterei macht müde und entnervt.

Im Urlaub hielten Sie das noch eher aus, auch wenn man sich fragt, warum eine Pizza dort länger brauchen soll als bei

Pizza Hut. Aber im Alltag, wenn es eilt, dann bekommen Sie ein Magengeschwür bei dem Gedanken an ein Mittagessen, auf das Sie nach der Bestellung eine Viertelstunde warten müssen. Oder noch mehr.

Nicht nur, daß Ihre Zeit knapp bemessen ist, ja: knapp bemessen sein *muß*, sonst wären Sie ja eine überflüssige Randexistenz. Auch, daß es den Ablauf stört, wenn auf einmal Wartezeiten entstehen. Warten (es sei denn im Stau oder in der Schlange, wo es nun mal unvermeidlich ist) läuft bei Ihnen ganz klar unter »gestohlene Zeit«. Und nur ein Idiot läßt sich gern bestehlen. Warten lassen ist Diebstahl, ob das im Wartezimmer des Zahnarztes ist oder im Restaurant.

Und es macht Sie zu Recht wütend, wenn die Freunde des einfachen Lebens behaupten, Warten sei geschenkte Zeit.

Das sei, faseln die, wie ein unerwartetes Geschenk: Auf einmal ist da die Muße, nachzudenken, vor sich hinzuschauen, in einem mitgebrachten Buch zu lesen, die Menschen ringsum zu beobachten.

Sie hingegen als Pragmatiker nervt der bloße Gedanke, was Sie in der Zeit alles hätten erledigen können.

Hätten Sie wirklich? fragen die Besserwisser vom einfachen Leben dann prompt. Wäre, fragen sie, diese dreiviertel Stunde nicht bloß verwurstet worden in der großen Wurstwarenfabrik des Alltags – ganz unbemerkt?

Das klingt ja alles sehr besinnlich, aber zeitgemäß klingt es nicht. Wer geduldig wartet, zeigt damit, daß er nicht gebraucht wird. Mittags Fast food reinzuziehen, beweist, daß Sie sich keine langen Pausen gönnen können. Und es ist doch verlogen zu behaupten, Fast food schmecke nicht gut. Gerade Männer kennen Sie oder Kids, die daheim, weil die Frau und Mutter einen Gesundkost-Tick bekommen hat, ihr Gemüse und ihre Salate runterwürgen, um sich dann heimlich bei einem schönen saftigen Hamburger zu erholen. Und es soll Ihnen keiner erzählen, daß diese vegetarischen Restaurants verlockend wären. Das ist doch eine triste Gemeinde, die sich da zusammenrottet und zum Abendessen auch noch Karottensaft trinkt.

Deren Neid auf die Fleischfresser und Fast-food-Liebhaber ist doch unüberhörbar. Warum würden sie sonst ihre braun-grünen Scheußlichkeiten so nennen – Tofu*schnitzel* und Dinkel*burger* und Auberginen*gulasch*. Das ist doch der Beweis. Ausgebufft sind sie ja, die Freunde des einfachen Lebens: Die bestreiten gar nicht, daß viele vegetarische Restaurants etwas Trostloses haben und die Gerichte auch. Und gehen dann zum Italiener oder sogar zu einem Spitzenkoch und essen, was der an Fleischfreiem zu bieten hat. Risotto und Tagliatelle mit Gorgonzola, Minestrone und Tomatenconsommé, Teigtäschchen mit Ricotta und Spinat gefüllt oder Gemüsestrudel.

Doch alle diese angeblich maßlos gesunden Stoffe im Gemüse, die können Sie sich auch so beschaffen. Mit dem letzten Schluck Cola nach dem Hamburger eine Knoblauchkapsel – fertig ist die Laube.

Aber auch da faseln die Einfachen wieder vom Streß der doppelten Buchführung.

Sie behaupten, man müsse sich nur einmal den Ruck geben, wirklich etwas zu ändern. Bereit sein, sich umzustellen. Wer das nicht schaffe, sei innerlich eh abgestorben wie ein toter Ast. Das lassen Sie sich nicht sagen. Denn schließlich essen Sie Fast food nicht, weil Sie zu passiv, sondern weil Sie extrem aktiv sind. Fast food ist schließlich eine Erfindung, die nicht aus der materiellen Not geboren wurde, sondern aus der Zeitnot. Diese Rohkost, selbst wenn Sie sie nicht selber hobeln und schneiden, sondern so serviert bekommen: auf der kaut jeder ewig rum. Sie lieben Dinge, die flutschen. Und die liebt doch jeder. Stimmt zwar, daß Sie eigentlich dauernd eine Diät einlegen müssen. Aber gewiß nicht, weil Sie ohne nachzudenken und viel zu schnell essen. Sondern weil Sie ein gemein guter Futterverwerter sind.

Die vom einfachen Leben behaupten, das Leben werde ungeheuer viel angenehmer und unkomplizierter, wenn Sie sich so ernähren, daß die Diäten überflüssig sind. Aber auf dieses Loblied lebenslanger Askese sind Sie eingestellt. Da haben Sie einen echt guten Witz auf Lager, der die sofort mundtot macht.

Kommt einer zum Arzt und fragt ihn, was er denn tun muß, um 100 zu werden.

»Nicht rauchen«, sagt der Arzt.

»Ich hab noch nie eine Zigarette angerührt«, sagt der Patient.

»Nicht zu viel saufen«, sagt der Arzt.

»Alkohol rühre ich nicht an«, empört sich der Patient.

»Nicht zu wenig Schlaf«, sagt der Arzt.

»Ich«, wehrt sich der Patient, »geh jeden Abend um acht ins Bett. Und zwar allein.«

Fragt der Arzt: »Und wozu wollen Sie dann 100 werden?«

Das ist es doch: Dieses mustergültige Leben ist völlig freudlos. Nicht lebenswert, im Grunde.

Das dementieren die vom einfachen Leben natürlich. Sie behaupten, es sei absolut lustvoll, gesund zu leben.

Mit glänzenden Augen schwärmen sie von Spargelorgien zu Hause und erklären, sogar das Spargelschälen sei im Kollektiv ein echtes Vergnügen. Und vorgeschälten Spargel zu kochen absolut banal und schal. Außerdem wisse jeder, der selber schält, den Genuß nachher viel mehr zu schätzen. Und das im Zeitalter der Convenience products, der eingeschweißten, perfekt vorbereiteten Produkte. Ihnen ist klar, daß ein durchgehend einfaches Leben, ganz frei von Diäten und Kapseln, anachronistisch ist. Denn Sie sind äußerst gut informiert.

Lachsöl, zum Beispiel, wird als ungemein gesund für die Arterien gepriesen. Deswegen schlucken Sie täglich zwei Lachsölkapseln. Ebenso Knoblauch, dessen vielfältige Vorteile für den Organismus nun wirklich nachgewiesen sind: Jeden Morgen und jeden Abend nehmen Sie also auch eine Knoblauchkapsel ein. Die vom einfachen Leben kichern darüber natürlich, denn die sagen, eine Scheibe pochierter Lachs oder 80 Gramm Graved Lachs wären doch die entschieden lustvollere Form, Lachsöl zu sich zu nehmen. Und Knoblauch bereichere jedes Bohnengericht, aber auch Salat, Spinat, Lamm oder Suppen.

Solche Argumente sind schlicht lächerlich.

Nicht nur, daß Lachs in natürlicher Form deutlich mehr Kalorien hat als in Kapselform, nicht nur, daß nach Knoblauch dieser ekelhafte Atem zu erwarten ist: auch dieser abnorme Zeitaufwand der Zubereitung! In der Zeit, bis eine Knoblauchzehe geschält und, wie es diese Experten machen, im Mörser mit Salz zerrieben ist, wissen Sie längst, wie viel Tote es gestern im Sudan gegeben hat und wie viele bei der Überschwemmung in China.

Time is money. Im Gegensatz zu diesen Einfachheitsaposteln haben das die Zeitgeistlichen modernen Kalibers wenigstens kapiert. Die amerikanischen Propheten des einfachen Lebens, zum Beispiel, raten, einmal in der Woche einen riesigen Eintopf zu kochen und dann die Woche über Abend für Abend runterzuessen. Das spart ungemein Zeit und auch Geld, weil Sie dafür ja eine Familienpackung Fleisch einkaufen können, auch wenn Sie nur zu zweit sind.

Probieren Sie das ruhig aus. Am ersten Tag schmeckt Ihnen der Eintopf sicher gut. Am zweiten ist zwar das Gemüse drin etwas verkocht, aber da fischen Sie sich eben das Fleisch raus – und nehmen sich, wenn Sie matschiges Gemüse nicht mögen, vor, den Eintopf das nächste Mal ohne Gemüse zu kochen. Am dritten Tag kann es sein, daß Sie nicht mehr den rechten Appetit auf den Eintopf haben, aber wozu haben Sie eine Mikrowelle und Hamburger in der Tiefkühltruhe. Und wenn Sie dann am fünften Tag zur Abwechslung die Leute von »Call a Pizza« beschäftigen, haben Sie am sechsten Tag bestimmt wieder Lust auf Ihren Eintopf. Wenn er nicht mehr so richtig frisch schmeckt, schütten Sie den Rest eben weg. Sie haben ja fast eine Woche durchgehalten.

Und allemal viel Zeit gespart, gemessen an dem Programm, das Ihnen die Typen vom einfachen Leben einreden. Deren einfacher Speiseplan ist völlig pervers. Der fängt nämlich am Wochenende an. Am Samstag gibt es da zum Beispiel Fischfondue mit Salat, am Sonntag Geflügel und Gemüse. Und dann wird vorgekocht: Aus den durchpassierten Resten des Fischfondue eine Fischsuppe für montags, aus den Resten des Gemüses eine Gemüsetorte mit Ei und Quark für den Dienstag, aus den Überbleibseln des Geflügels ein Geflügelragout, das am Mittwoch mit Reis gegessen wird, am Donnerstag gibt es einfach Büffelmozzarella mit Tomaten, Basilikum und Olivenöl und am Freitag Käse mit Pellkartoffeln zu einem schönen Rotwein. Die vom einfachen Leben bestehen ja auf ihren angeblich genialen Frisch-Vorräten. Eine großes Stück Parmesan, in ein feuchtes Leinentuch eingeschlagen, zum Beispiel, halte sich im Kühlschrank 14 Tage. Zugegeben: Frischer Parmesan, das schmeckt Ihnen auch, und wenn man da einen Abend lang nur runtersticht, Brot dazu, Stangensellerie, Olivenöl und Rotwein, dann ist das auch wirklich nicht aufwendig. Aber wenn Sie bloß dran denken, daß Sie dieses Leinentuch nachher wieder waschen müssen. Und das alles, wo es seit Jahrzehnten scheibenweise eingeschweißten Käse gibt. Der schmeckt ein bißchen langweilig, aber mit vorgeschnittenem Toastbrot, das sich wohlgemerkt Wochen hält, und ein paar Scheiben von dem eingeschweißten Schinken drunter, im Grill überbacken, ist das perfekt. Nicht gesund, meinetwegen, auch nicht grade kalorienarm, aber einmal im halben Jahr machen Sie ohnehin eine Diät und Ihre Vitaminkapseln vergessen Sie eigentlich nie. Die vom einfachen Leben finden das zwar das Gegenteil von einfach, aber die wollen es offenbar unbedingt umständlich.

Olivenöl kaufen die im Fünf- bis Zehn-Liter-Tank, damit es immer vorrätig ist. Dieser Olivenöl-Tick bringt Sie ohnehin zur Raserei. Da behaupten die glatt, es sei eines der einfachsten Rezepte zur Gesunderhaltung, täglich hochwertiges Olivenöl zu essen und blechen dafür 25 bis 30 Mark pro Liter.

Da ist zwar was dran, daß Olivenöl die Blutfettwerte senkt, aber auch wenn es noch keine Olivenölkapseln gibt: ein ordentliches Kombipräparat bringt dasselbe.

Eines allerdings neiden Sie den Einfachheitsfanatikern schon: Die müssen nie eine Diät machen. Wahrscheinlich verbrauchen die mit ihrem umständlichen Einfachheitszinnober derart viel Kalorien. Die Ernährung kann es nicht sein, denn die kennen nicht mal diese praktischen »Du darfst«-Produkte, die das Leben doch wirklich einfacher machen.

Ungestraft kann man da das Doppelte essen. Also bleiben Sie konsequent. Lassen Sie sich bloß nicht überreden, diese angeblich ungemein ökonomische Resteverwertungsküche auszuprobieren. Das ist was für Leute, die ganz knapp bei Kasse sind. Und sich für die tägliche Kocherei das Gehirn zu zermartern oder gar darüber zu sinnieren, welche Gemüse und Kräuter Saison haben.

Die vom einfachen Leben lassen sich einfach vom Bauern oder von einem Gemüseladen (meistens muß es auch noch ein biologischer sein), wöchentlich ein Kistchen mit Gemüse bringen und davon inspirieren.

Inspirieren! Das ist ein Euphemismus für diese Freiheitsberaubung, diese beschnittene Auswahl, die Sie so infam finden.

Darauf fallen Sie aber nicht rein. Ganz bestimmt nicht.

So müssen sich nur Leute ernähren, die eine Krebsoperation hinter sich haben. Und dann ist es ja immer noch früh genug.

DER LUXUS,
WENIGER
ZU VERMISSEN

Vermissen gehört zum Leben.

Das hat ein kluger Mensch wie Sie längst eingesehen. Ob es die Brille ist, die Sie wieder mal vermissen, einen Freund, der gestorben ist oder sich nicht mehr meldet. Ob es die vergessene Brieftasche ist, das dritte Paar Socken unterwegs, der Zweitbadeanzug im Urlaub oder neue Inhalte, sei es in der Zeitung, sei es in Ihrem Leben.

Nein, Sie würden es richtig vermissen, nichts mehr zu vermissen.

Ihnen gefällt dieser Satz: »Was wir nicht mehr vermissen, haben wir verloren.«

Immerhin ist der Mann, von dem er stammt, Erwin Chargaff, jener Biochemiker, der bekanntlich die Voraussetzungen geliefert hat, um das heute bekannte DNS-Modell zu erstellen. Und so einer muß es doch wissen.

Die Freunde des einfachen Lebens freilich behaupten, etwas zu vermissen strenge immer an. Das verbrauche Energie, die anderswo gebraucht würde.

Vor allem davor, etwas sehr lange zu vermissen, warnen sie.

Warum den Freund vermissen, von dem die Trennung unausweichlich war und auch zugegebenermaßen befreiend? Schließlich ist er die letzten Jahre immer narzißtischer und egoistischer geworden, kaum einer der übrigen Freunde mochte ihn noch. Und der große finale Krach war letztlich vorprogrammiert.

Warum die Schulzeit vermissen und ihr nachjammern wie dem Goldenen Zeitalter, wo die doch, ehrlich gestanden, zum größten Teil aus Ärger und Streß bestanden hat?

Diese komischen Vögel vom einfachen Leben behaupten ja auch allen Ernstes, Chargaff habe das mit dem Verlust gar nicht negativ gemeint.

Denn es gebe viele positive Arten von Verlust.

»Die Menschen«, hat der Komiker Hans Moser genuschelt, »verlieren zuerst ihre Illusionen, dann ihre Haare und ganz zuletzt ihre Laster.«

Zugegeben, Illusionen verlieren befreit.

Aber Haare verlieren – das ist doch verheerend.

Haare verlieren, sagen die vom einfachen Leben, tut nicht weh und vielen Männern sogar richtig gut. Telly Savalas sah in voller Haarpracht genauso dämlich aus wie Michel Piccoli. Erst mit Glatze oder zumindest mit Stirnglatze wurden sie, was sie waren: Charakterköpfe. Und Haare verlieren sei ein brillantes Beispiel dafür, wie ein Verlust schöpferische Kräfte freisetze: Da heiße es dann, sich umstylen, von außen und von innen. Und dann verweisen sie auch noch auf schöne weibliche Glatzköpfe, freiwillige sogar, wie Sinead O'Connor.

Laster verlieren, behaupten die Einfachheitsapostel weiter, das entspanne ungemein: Wer aus freien Stücken nicht mehr rauche, fremdgehe oder sich einen Rausch ansaufe und weder die Zigaretten noch die Seitensprünge oder den Schnaps vermisse, der fühle sich erleichtert. Sagen die.

Ängste verlieren, Hemmungen verlieren, Vorurteile verlieren: Das seien doch höchst angenehme Verluste. Keiner vermisse nachher seine Ängste, seine Hemmungen oder seine Vorurteile.

Alle diese Verrückten, die vom Glück des einfachen Lebens faseln, behaupten dasselbe.

Die Verluste, die wir als negativ empfinden, sagen sie, seien diejenigen, bei denen wir einen Besitz verlieren. Oder etwas, was wir zu besitzen geglaubt haben. Und was wir für wichtig, für unentbehrlich hielten.

Die Übung aber zeige, wie schnell wir etwas nicht mehr vermissen, wenn wir das Fehlen nicht als Lücke sehen, sondern als Befreiung.

Wer sein Auto abschafft, sei es aus finanziellen Gründen

oder aus ideellen, sei ein selbstverschuldeter Totalschaden die Ursache, oder umweltbewußtes Denken, kann daran leiden oder kann sich daran freuen.

Und freuen, sagen die vom einfachen Leben, gehe viel einfacher.

Jeder Wintertag beginnt schon freudvoll, wenn der Autolose sieht, wie andere ihre Karre ausbuddeln, die Scheiben abkratzen, im Schneckentempo durch den Matsch pflügen oder hilflos aufeinanderrutschen beim ersten Glatteis.

Doch auch Sommertage bieten ihre Freuden. Da sitzen die Autolosen im Intercity nach Salzburg oder Verona und hören friedlich lächelnd aus dem Transistorradio die Nachrichten über 30 km Stau auf der Autobahn München – Salzburg oder den absoluten Stillstand auf dem Brenner.

Und gerade Städter erleben täglich die Lust, auf dem Fahrrad eine lange Schlange grummelnder Autofahrer strahlend zu überholen.

Man muß so etwas eben genießen können und als seelisches Laubhüttenfest empfinden.

»Verlust«, hat Marc Aurel gesagt, »ist nichts anderes als Verwandlung.«

Dem stimmen die Freunde des einfachen Lebens vollauf zu.

Sogar der Verlust eines Partners, der sich jemand anderen gesucht hat, sei doch ein guter Anlaß, sich zu verändern und sich in einen neuen Menschen zu verwandeln. Und genauso kann es der Anfang einer anderen und anregenderen Existenz sein, den Job zu verlieren.

Geradezu makaber, diese Behauptung. Noch makabrer aber folgende Empfehlung der Einfachen: Wenn Eltern darunter litten, daß die Kinder aus dem Haus sind, sollten sie nicht den gewohnten Lärm und Aufwand vermissen, sondern noch einmal das Glück zu zweit auskosten, diese wiedergeschenkte Intimität, diese Ungestörtheit, wie damals, am Anfang ihrer Liebe.

Und wer gar keine Kinder habe, solle sich von denen, die

damit gesegnet sind, nicht immer erzählen lassen, welche zauberhaften Weisheiten da dem Kindermund entweichen, wie süß die Kleinen im Schlaf ausschauen oder beim Malen. Sondern einmal den üblichen Streß an jedem Sonntagmorgen, wo Ausschlafen nicht möglich ist und die entzückenden Sprünge der Kinder das Brustbein des Vaters ebenso strapazieren wie die Nerven der Mutter und die Betten.

Ob Verlust negativ oder positiv, bedrängend oder befreiend, belastend oder erleichternd ist, hängt nur von einem ab: von der Perspektive.

Ausgerechnet das Schönste!

Oder: Wie Sie dabei bleiben können, an materiellen
Verlusten ordentlich zu leiden

Verluste sind schlimm, denn sie reißen eine Lücke auf. Und eine Lücke anzusehen, macht traurig.

Das sagen Sie sich immer wieder, wenn Sie eine Lücke entdecken. In Ihrem Bücherrregal, zum Beispiel, weil kaum einer ausgeliehene Bücher zurückbringt.

Oder in Ihrem Gläserschrank, wenn mal wieder eines der geerbten schönen Weingläser zerschlagen worden ist.

Sie leiden umso mehr an dem Verlust, weil Sie eben ein bewußter, nostalgischer, romantischer, jedenfalls ein emotionaler und hochsensibler Mensch sind.

Und daher bei jedem Verlust spüren: Das ist mehr als eine zufällige Reduktion Ihres Eigentums, Ihrer mühsam aufgebauten privaten Welt. Es ist eine Intrige des Schicksals gegen Sie, gegen Sie ganz persönlich. Kaum freuen Sie sich an etwas, schon geht es kaputt. Schon gießt einer Rotwein über Ihr neues weißes Kleid oder auf den neuen weißen Teppich-

boden, zerdeppert einer die schöne Terracotta-Schale, rutscht
Ihnen die Rouge-Dose aus der Hand.

Und je mehr Sie sich darüber klar werden, daß jeder dieser
Verluste eine symbolische Qualität hat, desto mehr passiert.
Denn Sie werden zunehmend dünnhäutiger. Und das ist ja
kein Wunder. Ganz egal, wie Sie auf den Verlust reagieren, es
kostet Nerven.

Sei es, daß Sie um Schadenersatz kämpfen – bei der Reini-
gung, die Ihren Blazer versaut hat, bei dem Kellner, der Ihr
helles Kleid ruiniert hat, bei der Stewardeß, die Ihnen Kaffee
drüber geschüttet hat. Oder bei der Haftpflichtversicherung
Ihrer Freunde, die Ihnen nur ein Drittel des Kaufpreises ersetzen wollen, den Sie für die wunderbare Lampe damals bezahlt haben.

Die Freunde des einfachen Lebens lächeln da nur.

Wer erstmal bereit sei, alles zu verlieren, quatschen sie, dem
werde alles zu Gewinn, sagen sie.

Da hat einer einen Küchenbrand, leider selbstverschuldet,
und kein Geld für eine neue Einbauküche. Also kombiniert
er sich eine zusammen aus alten abgeschliffenen Möbeln vom
Sperrmüll und nichts als einem hochprofessionellen Herd.
Und die Küche sieht derart durchdesignt aus, daß jeder
staunt. Und die Einbauküche im Nachhinein als so spießig
empfindet wie die eigene daheim.

Verlust kann kreativ machen, sagen die Freunde des einfachen Leben nur immer wieder. Denn Verlust schaffe Freiraum in jeder Hinsicht.

Die bezeichnen einfach die Lücke als Freiraum.

Wer seinen Koffer verliert, solle die Chance wahrnehmen,
endlich mal den Kleidungsstil zu ändern. Wer durch einen
berufsbedingten Umzug die herrliche Wohnung auf dem Land
aufgeben muß, soll endlich die Gelegenheit wahrnehmen,
mitten in der Stadt, inmitten der Kinos und Theater und
Kneipen zu leben.

Sie finden es nicht mal schlimm, wenn jemand in einer bestimmten Gesellschaft sein Gesicht verloren hat. Das ist eben eine Herausforderung, sich in neuen Kreisen wieder eines zu verschaffen und es dann etwas sorgsamer zu wahren als früher.

Verlust, behaupten sie, sei die beste Gelegenheit, sich zu verändern.

Sogar der Verlust der Gesundheit.

Endlich, erzählen da welche, die schwer krank wurden, hätten sie so die Energie gefunden, sich anders zu ernähren und völlig anders zu leben.

Aber das sind in Ihren Ohren weltfremde Reden. Wenn bei Ihnen wieder mal ausgerechnet das Schönste zu Bruch geht, der schönste Teller, das schönste Glas, die schönste Liebesbeziehung, dann wissen Sie eins: Sie wollen es vermissen, was Ihnen da verloren gegangen ist.

Denn sonst wäre es Ihnen ja nichts wert gewesen, oder?

Das wäre sie gewesen, die Chance meines Lebens!

*Oder: Wie Sie erkennen, daß an Ihnen immer die
besten Gelegenheiten vorbeigehen*

Was Tragik ist, das wissen Sie.

Da hat zum Beispiel einer glatt vergessen, seinen Lottozettel einzureichen und stellt dann fest, er hätte fünf oder sechs Richtige gehabt. Wenn Sie so etwas hören oder lesen, blutet Ihnen das Herz.

Schließlich kennen Sie ähnliche Situationen. Immer und immer wieder geht sie an Ihnen vorbei, die große Chance.

Aus Bescheidenheit haben Sie sich nicht beworben um den ausgeschriebenen Job, obwohl alles nach Ihrem Traumjob geklungen hat. Aber Sie sind niemand, der sich überschätzt. Und außerdem wissen Sie, daß es bei der Vergabe von solchen Stellen eh immer nur mit Vitamin B geht, mit Beziehungen, und die haben Sie nicht. Sie sind auch zu gut informiert; natürlich ist diese Ausschreibung wieder mal nur eine formale Angelegenheit, und wer den Job kriegt, ist intern längst entschieden. Da wären Sie ja blöd, mühsam eine Bewerbung einzureichen.

Und dann hören Sie, daß ein absoluter Außenseiter die Stelle gekriegt hat, der auch nicht mehr zu bieten hatte als Sie. Und wissen, daß wieder mal die große Chance an Ihnen vorbeigegangen ist.

In der Liebe ist es ja ähnlich.

Wie oft haben Sie, weil Sie gut erzogen sind, vielleicht auch ein bißchen schüchtern oder zumindest nicht dreist und draufgängerisch, sich nicht rangemacht an diese Frau, die genau der Typ war, für den Sie schwärmen. An diesen Mann, von dem Sie noch heute träumen.

Der will was Besseres als mich, haben Sie sich gesagt. Die lacht mich aus, wenn ich sie frage, ob sie mit mir essen gehen will. Die steigt ja nicht mal in mein Auto, die ist Porsche oder Maserati gewöhnt oder zumindest das neueste Mercedes-Modell.

Und dann mußten Sie erleben, wie sich jemand anderer einfach traut, frech rangeht und auch noch Erfolg hat. Eine Frau, die bei Gott keinen schöneren Busen hat als Sie und auch keine längeren Beine. Ein Kerl, der mit Sicherheit nicht mehr als 5000 brutto im Monat macht und Fahrrad fährt.

Sie hatten auch schon ewig Lust, sich mal um einen Statistenjob beim Film zu bewerben. Aber dann haben Sie gehört, daß die gar nicht jeden nehmen, und auf einmal sahen Sie ganz klar, daß da wahrscheinlich wieder nur irgendwelche Spezis der Schauspieler vorgezogen werden und haben es bleiben lassen. Ihre Freundin ist hingegangen und hat gleich einen Job gekriegt, noch dazu in einer sensationellen Fernsehserie. Und die ist älter und bei weitem nicht so attraktiv wie Sie, außerdem wiegt sie zehn Kilo mehr. Aber wahrscheinlich wollten die genau so eine Dickliche. Oder das gute

Kind hat eben Drähte, von denen sie Ihnen nie was erzählt hat.

Aber das ist Schicksal. Dagegen ist jeder machtlos.

Die vom einfachen Leben behaupten allerdings, es läge ganz an Ihnen. Und erzählen wie üblich irgendeinen Schmonzes dazu.

Der Jossele, ein armer Jude, geht in die Synagoge und betet:

»Lieber Gott, du bist so ungerecht. Da bet' ich und bet' ich um einen Haupttreffer, und du weißt, wie nötig ich den hätt'. Und was machst du? Läßt meinen steinreichen Nachbarn gewinnen, der nicht einmal fromm ist.«

Eine Woche später betet der Jossele wieder zu Gott und beschwert sich nochmal. Noch bitterlicher.

Als er zum dritten Mal heftig reklamiert beim Big Boss, ertönt eine tiefe Stimme von oben:

»Tu mer einen Gefallen, Jossele! Gib mer eine Chance! Kauf dir ein Los.«

Die Freunde des einfachen Lebens unterstellen Ihnen frech, Sie hätten Schiß, sich zu engagieren, Sie hätten Schiß, enttäuscht oder abgewiesen zu werden.

Und Sie würden sich dem Wettbewerb nicht etwa deswegen entziehen, weil Sie zu bescheiden seien, sondern weil Sie narzißtisch kränkbar seien. Und nicht die Courage besäßen, sich ein Nein einzuhandeln, das Ihr hochsensibles Ego verletzen könnte.

Aber das ist natürlich so weit hergeholt, wie das meiste, was diese Typen behaupten.

Sie wollen einfach nur eine realistische Chance haben.

Das ist doch vernünftig.

Also bleiben Sie auf dem Boden der Tatsachen. Und spielen nur da mit, wo auf jedes Los ein Gewinn aussteht.

Gehen Sie auf Nummer Sicher. Und sagen Sie sich immer wieder vor: Jede Chance ist eine Gefahr.

Wie grausig hier doch alles ist!

*Oder: Wie Sie sich die Unzufriedenheit mit Ihrem
normalen Leben erhalten können*

Das schlimmste am Urlaub ist die Rückkehr.

Sie sind schon fast so weit, deswegen auf den Urlaub zu verzichten.

Mein Gott, was haben es die Italiener gut. Die Toskana ist eben ein einziges Paradies. Dieser Blick, diese Olivenbäume, Zypressen und Pinien. Und die leben bestimmt sensationell billig. Schon der Wein im Lokal kostet nur einen Bruchteil des Preises von zu Hause, auch die Tomaten kosten weniger und schmecken nach mehr.

Da können die dort ruhig jammern und behaupten, die Löhne und Gehälter seien auch viel niedriger als bei uns und es brauche Wochen, oft sogar Monate, bis man nach einem Umzug ein neues Telefon kriege. Denen geht es einfach besser. Fortunati!

Auch in Amerika stellen Sie immer wieder fest, daß Sie offenbar schon durch das Land, in dem Sie geboren wurden, benachteiligt sind. Diese netten adretten Häuser, nicht groß, aber richtig schön mit den Sprossenfenstern und den Schlagläden und der Doppelgarage. Natürlich gibt es Leute, die nur lästern über diese Spießeridylle und über diese Plastiksprossen. Die behaupten, jede zweite deutsche Wohnsiedlung sei noch besser als diese verlogene Idylle. Sie jedoch stellen fest: Das macht entschieden mehr her. Sogar in Filmen kommen solche Häuser vor und da wohnen meistens gute Leute drin.

Erst recht haben Sie Probleme, wenn Sie in Spanien oder Griechenland im Urlaub waren. Mein Gott, dieses Klima, diese gute Laune überall. Das ist ja echt eine Strafe, zurück zu müssen in Ihre blöde Heimat, wo fast alle mißmutig aus der Wäsche schauen und es dreiviertel des Jahres pißt. Wenn die

Griechen ihre schönen Inseln eng finden und Ausbruchsgelüste bekommen, daß die Spanier sich beklagen, daß bei ihnen geklaut würde rund um die Uhr und daß diese Monate mit glühender Sommerhitze oft kaum auszuhalten seien für jeden, der täglich in die Arbeit müsse, dann wollen die ja nur verhindern, daß Leute wie Sie sich dort einkaufen.

Richtig schlimm geht es Ihnen auch, wenn Sie in einem fantastischen Hotel waren. Ist ja tausendmal besser eingerichtet als bei Ihnen. Aber mit dem Einkommen und dann vielleicht noch alten Eltern oder Kindern an der Backe haben Sie natürlich keine Chance, einen Innenarchitekten zu beschäftigen, der das so hinbrächte.

Oft müssen Sie nicht einmal in den Urlaub fahren, um festzustellen, wie trist Ihr Alltag ist. Da reicht eine Party bei Freunden oder Bekannten, die derart viel mehr Glück haben als Sie.

Die einen haben eine Traumwohnung, Altbau mit hohen Decken und Sprossenfenstern, mitten in der Stadt, die anderen haben ein Reiheneckhaus mit Garten, wieder andere ein Penthouse mit einem sensationellen Blick. Und wenn Sie dann nach Hause kommen, spüren Sie und sehen Sie, wie benachteiligt Sie sind. Es ist ja egal, ob Ihnen Ihr eigenes Zuhause zu versifft vorkommt, zusammengestopselt und ohne Linie. Oder ob Sie es, wenn Sie woanders waren, entsetzlich billig finden und unerträglich durchschnittlich.

Es fehlt Ihnen nicht an Stil oder Geschmack, es fehlt Ihnen an Glück, an Gelegenheiten, an leichtverdientem Geld, an der Zeit, auf Auktionen zu gehen oder auf Trödelmärkten nach Raritäten zu stöbern.

Aber auch wenn andere etwas ganz anderes sagen, wenn die Ihrer Wohnung einen Bohème-Charme zusprechen, von Ihrem Purismus schwärmen, von Ihrer Begabung, lässig zu sein oder mit wenig Geld und ein paar geerbten Stücken Gemütlichkeit zu schaffen, sollten Sie sich keinesfalls damit abfinden.

Andere haben es einfach besser.

Und jedesmal, wenn Sie Ihre Wohnung betreten, entdecken Sie im Vergleich neue Mängel. Andere haben Parkett, Sie haben nur einen Teppichboden. Andere haben einen großen Balkon, Sie einen kleinen. Andere haben Wohn- und Eßzimmer, bei Ihnen ist nur ein Raum da. Es stimmt eben vorn und hinten nicht.

Die Freunde des einfachen Lebens schieben natürlich wie immer Ihnen selber die Schuld zu. Vor allem daran, die Vorteile Ihres Daseins nicht zu sehen.

Fangen an mit dem sentimentalen Geschwätz, Sie sollten zum Beispiel in der Woche in einem Behindertenheim vorbeischauen, wenn Sie mit allem unzufrieden wären, oder mal Beiträge lesen, wie die meisten Familien in Rußland leben.

Sie könnten auch nur in Ihrer näheren Umgebung schauen, wie schlecht viele hausen müßten im Vergleich zu Ihnen. Nicht nach oben, sondern nach unten blicken, heißt der Tip von diesen Einfachheitspinseln. Nicht ins Villenviertel fahren, sondern dahin, wo die meisten Arbeitslosen wohnen.

Da stellen Sie längst die Ohren ab.

Aber dann versprechen die Freunde des einfachen Lebens praktische Tips, ganz individuelle. Und was kommt? Wieder dieses Dankbarkeits-Gefasel.

Sie sollten nicht über den wenigen Stauraum und den kleinen Keller jammern, sondern sich freuen, daß Sie derart schöne große Wohnräume hätten. Sie hätten außerdem statt eines Eßzimmers eine großartige Küche, die, wenn sie etwas schlauer genutzt würde, eine urgemütliche Wohnküche abgäbe. Und dann dieser absolut windgeschützte kleine Balkon nach Westen, der sei doch viel mehr wert, gerade in diesem Klima, als eine große, windige Terrasse, die zudem noch nach Norden gehe.

Aber so sind die eben: Sie wollen jedem einreden, es sei so

einfach, zufriedener zu sein. Und erklären, wer sich in seiner Wohnung nicht wohl fühle, sei meistens selber schuld.

Das Prinzip, das die empfehlen, heißt zuerst mal: Jede Wohnung, ob groß oder klein, müsse nur ganz wenigen Leuten gefallen. Denen, die drin wohnen.

Repräsentation sei rausgeschmissenes Geld, und wenn Sie in Sessel investiert hätten, die zwar Eindruck machen, aber fast nie benutzt würden, dann sei das Ihre Eitelkeit, die der Gemütlichkeit im Wege stehe.

Die Einfachheitsverteidiger behaupten, es sei ganz einfach, eine Wohnung maßzuschneidern.

Am Anfang steht für die nicht etwa Rücksicht auf Gäste oder auf das, was man eben machen und haben *sollte.* Da steht für die nur die Frage: Was ist mir/uns am wichtigsten? Wo verbringe ich, wo verbringen wir die meiste Zeit?

Vor dem Fernseher? Im Bett? In der Küche? Oder vielleicht im Bad? Beim Essen? Beim Rumlümmeln und Schmökern? Beim Malen oder beim Möbelbauen?

Genau danach und nur danach müsse entschieden werden, wo das meiste zu investieren sei, an Geld, Liebe und Geschmack. Und welcher Leidenschaft, ob andere die nun pervers finden oder nicht, der meiste Raum zu geben sei.

Wenn zwei mit Leidenschaft die Abende und das Wochenende damit verbringen, zu schmusen und zu zappen, dann gehöre die Glotze ins beste Zimmer, und zwar eine sehr gute und große Glotze, kombiniert mit erstklassigen Sesseln, geeigneter Beleuchtung, einer kleinen Bar oder einem Kühlschrank in greifbarer Nähe.

Wenn zwei zusammen sind, die tagelang neue Rezepte ausprobieren, sich in Alchimisten verwandeln und Elixiere brauen, dann habe die Küche das Herz des Ganzen zu werden mit dem besten Herd und den besten Töpfen.

Man könne auch das, was als Wohnzimmer gedacht sei, zur Küche umfunktionieren.

Und wenn zwei Menschen das Bad als Zentrum ihres privaten Lebens betrachten, feierabends wie wochenends gerne in der Badewanne dümpelnd Häppchen schnabulieren und ein Glas Champagner dazu trinken, dann sei das Bad eben wichtiger als alles andere.

Das große Zimmer für Gäste einzurichten, obwohl allen Bewohnern Kochen eine Tortur sei, das Aufräumen nach langen geselligen Abenden ein Alptraum und umgekehrt das Liebste, mit Freunden essen zu gehen, dann ist es nicht vornehm, sondern blödsinnig, Geld für den großen eleganten Eßtisch auszugeben.

Wer gern auf selbstgemixte Drinks einlädt, aber die Kocherei lästig findet, möge, so empfehlen die vom einfachen Leben, eben eine wirklich gute Bar in die Küche pflanzen und es ansonsten dabei bewenden lassen, auf zwei Kochplatten das Nötigste zu brutzeln.

Diese Typen sind offenbar auch noch rücksichtslos und kulturlos. Haben keine Ahnung, was sich gehört und was andere eben erwarten.

Das sei ihnen egal, erklären die kühl.

Die werden schon sehen, wohin sie damit kommen.

Mit Sicherheit nie in den Genuß, auch den Chef bei sich zu Hause angemessen einladen zu können.

DER LUXUS,
WENIGER
ZU ERWARTEN

Die Amerikaner sind da wirklich vorbildlich. Die haben es wenigstens in ihrem Grundgesetz stehen, daß jeder ein Recht auf Glück hat.

Das müßte eigentlich auch bei uns verbrieft werden, finden Sie.

Genauso wie das Recht auf Arbeit.

Ihre Erwartungen sind hoch. In jeder Hinsicht.

Auch, was Ihre Lebenserwartung betrifft. Sie gehen einfach davon aus, ungefähr 85 zu werden, denn Sie sagen sich: Die Lebenserwartung hängt auch davon ab, was Sie vom Leben erwarten. Ob da ein Arzt nun Ihrer Meinung ist oder nicht: Ein derart interessierter und interessanter Mensch wie Sie *muß* einfach alt werden. Darauf hat er ein Recht.

Außerdem zahlen Sie enorme Krankenversicherungsbeiträge und werden sich nicht scheuen, das bis zum Letzten auszunutzen.

Sie sind ein anspruchsvoller Mensch, versteht sich also von selber, daß Sie Ansprüche stellen. Und auch damit rechnen, daß die befriedigt werden.

»Persuit of happiness«: Die Amis haben wirklich recht, das für jeden zu fordern.

Die Deutschen hingegen, und das ist doch wirklich verräterisch, versuchen immer, sich selber die Schuld zu geben, schon mal prophylaktisch, wenn was nicht klappen sollte.

»Jeder ist seines Glückes Schmied.« Was für ein einfältiges Sprichwort.

Heute zählen ganz andere Dinge als der eigene Einsatz. Gute Gelegenheiten und gute Ausbildung, Chancen und Zufälle, Kontakte, Beziehungen, die richtigen Eltern, die richtigen Freunde, die richtigen Partner.

Und auf fast alles haben Sie wenig Einfluß.

Ja, Sie leiden daran.

Es gibt einfach Menschen, die mit einem goldenen Löffel im Mund geboren worden sind. Nur gehören Sie eben nicht dazu.

Nein, geschenkt wird Ihnen nichts. Und wurde Ihnen nichts.

Gesundheit, okay, aber das kann ja nun eigentlich jeder erwarten.

Und eine halbwegs harmonische Kindheit; das ist auch wirklich nichts so Besonderes. Aber Sie stellen schon etwas höhere Erwartungen ans Leben.

Da wird behauptet, wer viel erwarte, habe weniger Chancen auf glückliche Erlebnisse. Wenn Sie erwarten, daß Ihnen jemand etwas mitbringt, der Sie besucht, sind Sie nicht überrascht, wenn er's tut, enttäuscht, wenn er's nicht tut, und verstimmt, wenn er etwas bringt, was Ihnen nicht gefällt.

Rechnen Sie mit gar nichts und zwar ehrlich mit gar nichts, dann freuen Sie sich über den selbstgepflückten Strauß oder die Tafel Schokolade.

Alexander Poppe hat gesagt: »Gesegnet sei der, der nichts erwartet. Er wird nicht enttäuscht werden.«

Außerdem, behaupten die vom einfachen Leben, wäre das Leben unerträglich langweilig, wenn alle Erwartungen erfüllt würden. Gleichzeitig erwarten sie jeden Tag alles, alles sei immer möglich. Aber sie erwarten nichts Gezieltes, nichts Bestimmtes.

Nicht mal, daß sie alt werden oder so alt wie eben der Durchschnitt. Die höchste Lebenserwartung, spotten sie, habe man als Mitläufer. Aber damit habe man eben die geringste Lebensqualität. Und als einer, der nicht mitläuft, müsse man täglich damit rechnen, weggeblasen zu werden und niemals runterzuholen, was man da alles auf die hohe Kante gelegt hat.

Diese Typen vom einfachen Leben unterstellen Ihnen, Sie würden durch zu hohe Erwartungen sich selber den Blick zumauern für das Glück des Augenblicks. Sie sähen nicht, was hier und jetzt passiert, weil Sie nur auf diesen verheißenen großen Moment warten, das ganz großartige Erlebnis, den überwältigenden Erfolg, den überragenden Einfall. Darauf, daß Sie entdeckt werden, Ihnen das Glück in den Schoß fällt oder der Traummann respektive die Traumfrau einfach auf Sie zukommt. Deswegen, sagen die, gehe vieles an Ihnen vorbei. Deswegen sei Ihr Leben so anstrengend. Weil Sie nicht einfach warten können, sondern immer erwarten müssen.

Auf nichts warten und auf niemanden, das sei schrecklich. Aber erstmal nichts zu erwarten oder wenig, das sei durchaus klug.

Die vom einfachen Leben haben natürlich leicht reden: Ihre Erwartungen werden fast immer übertroffen. Aber die behaupten, das sei Technik: Die Technik, niedrige Erwartungen zu stellen, ob das die Erwartungen an sich selber, an Freunde oder an Geschäftspartner angeht, an Karriere, Liebe, Glück.

Den Leuten, die so von der Einfachheit quatschen, fehlt schlicht die Orientierung.

Warum entdeckt mich keiner?

Oder: Wie Sie sich lebenslang das Bewußtsein erhalten,
ein verkanntes Genie zu sein

Immer wieder lesen Sie solche Storys wie die von dem Taxifahrer, der ein Drehbuch fertig rumliegen hatte, das kein Schwein wollte. Und da quatscht er einen deutschen Jungstar an, diesen Till Schweiger, und prompt dreht der mit ihm den Film und läßt ihn auch noch mit Regie führen.

Daß dieses ›Knocking On Heaven's Door‹ ein Erfolg geworden ist, hat natürlich vor allem mit Schweiger und dessen

Prominenz zu tun. So ein Drehbuch, das könnten Sie auch schreiben. Aber Sie hätten eben nie im Leben dieses Massel, daß Ihnen ein Star über den Weg läuft.

Dringend müßten Sie längst mal das Buch von Alice Miller lesen, über ›Das Drama des begabten Kindes‹. Höchstwahrscheinlich käme Ihnen darin einiges äußerst gut bekannt vor. Denn im Grunde hat das schon in Ihrer Kindheit angefangen, daß man Ihre Talente verkannt hat. Da war eben kein Geld da, Sie in den Tennisclub zu schicken, sonst hätten Sie mit an Sicherheit grenzender Wahrscheinlichkeit eine ähnliche Karriere gemacht wie Steffi Graf. Oder wie diese Martina Hingis. Wenn einem das Schicksal eine Mutter beschert, die Tennislehrerin ist, dann ist es wahrhaftig nicht schwer, Weltranglistenerste zu werden.

Sie waren zudem in einer Schule, die Ihren Talenten total zuwiderlief. Ein musischer Mensch wie Sie hätte eben auf ein musisches Gymnasium gemußt. Oder auf eins, wo Ihre Talente besser gefördert worden wären.

Im Studium sind Sie Leuten begegnet, die in Salem waren. Da tut man sich natürlich leichter im Leben.

Diese Geigenstars, das sind doch alles Kinder aus verwöhntesten Verhältnissen. Mit drei oder vier lernen die Geige. Gut, Anne Sophie Mutter nicht und Gidon Kremer auch nicht. Ach ja, und Oistrach auch nicht.

Trotzdem: Mozart wäre bestimmt nicht Mozart geworden, wenn er nicht so früh von seinem Vater gefördert worden wäre.

Die vom einfachen Leben grinsen da nur und fragen, ob Sie nicht wüßten, daß zum Beispiel Werner Schwab, dieser österreichische Dramatiker, der vor zwei Jahren ziemlich jung gestorben ist und trotzdem einer der meistaufgeführten deutschsprachigen Autoren ist, das uneheliche Kind einer Hausmeisterin gewesen sei? Ob Sie nicht wüßten, wie viele Dichter die Kinder von Metzgern oder Bauern waren, wie viele Komponisten aus unmusikalischen Haushalten stamm-

ten und wie viele bildende Künstler aus einem absolut un-
künstlerischen, oft auch noch unästhetischen Heim? Ob Sie
nicht wüßten, daß die meisten ganz großen Filmstars aus
kleinen bis verheerenden Verhältnissen kämen?

Marcello Mastroiannis Vater sei nicht Regisseur gewesen,
sondern Tischler. Und Sophia Loren, zum Beispiel, sei als
uneheliche Tochter einer alleinstehenden Mutter im neapoli-
tanischen Armenviertel geboren worden, in einer Einzim-
mer-Behausung mit sechs bis acht Bewohnern.

Da schlagen Sie natürlich zurück: Was wäre die Loren ohne
Carlo Ponti geworden?

Na bitte.

Was Sie aber Ihren Mitmenschen viel ärger verübeln, als die
mangelnde Einsicht in Ihre extrem ungünstigen Startbedin-
gungen, ist, daß keiner Sie mal auffordert, einen Roman zu
schreiben, einen Artikel oder ein Drehbuch oder eine Sen-
dung zu moderieren. Sie könnten das, besser jedenfalls als
viele, die damit reich und berühmt geworden sind. Aber niemand fragt Sie.

Schreiben – das fällt Ihnen doch nicht nur leicht, das fällt
Ihnen zu.

Warum Sie dann nicht einfach mal einen Roman verfassen
und ihn an ein paar Verlage schicken, fragen die vom einfachen Leben.

Rührend. Als ginge es dort gerecht zu. Ein verkanntes Genie ist und bleibt eben ein verkanntes Genie. Und daß da
oben lauter Ignoranten sitzen, ist doch erwiesen.

Zum Beispiel Robert Schneider, dieser Autor von ›Schlafes
Bruder‹: an -zig Verlage hatte der sein Manuskript eingesandt
und sich nur mehr oder weniger grobe Absagen eingehandelt.
Und dann wurde es ein Bestseller.

»Na eben«, feixen da die vom einfachen Leben. »Schreiben
Sie einfach und geben Sie nicht auf. Irgendeiner wird's schon
merken, wenn es gut ist.«

Wenn es gut ist! Daran scheitert Ihr Roman sicherlich nicht, aber wahrscheinlich daran, daß Sie das Manuskript genau dem, der diesen Geniestreich erkannt hätte, nicht haben zukommen lassen. Oder vielleicht auch daran, daß Sie ihn nicht schreiben. Wozu auch?

Schauspielerisch, zum Beispiel, wären Sie absolut talentiert. In der Schule haben Sie Theater gespielt. Aber schon da hat sich gezeigt, daß Sie verkannt werden. Zuerst bekam jemand anderer die Hauptrolle und dann bekamen jedesmal andere mehr Applaus als Sie. Wie sollen Sie da noch darauf hoffen, jemals entdeckt zu werden?

Und da hilft es nichts, daß Ihre Freunde die Bilder aufhängen, die Sie gemalt haben, daß fast alle Ihre Talente als Hobbykoch schätzen, daß Sie in Ihrem Job eine ganz gute Karriere gemacht haben und mehr als ordentlich verdienen. Das kann, das darf Sie nicht darüber hinwegtrösten, ein verkanntes Genie zu sein.

Was an der Situation so mies ist: Sie nimmt Ihnen die Freude an fast allen Vergnügungen künstlerischer Art. In jeder Ausstellung, ob das eine Picasso-Retrospektive ist oder die documenta, in jedem Theaterstück, in jedem neuen Film, bei der Lektüre fast jeden Bestsellers leiden Sie.

Das hätten Sie auch gekonnt.

Es ist Ihnen sogar die Freude an Berichten oder Interviews versaut, in denen es um irgendwelche Neuentdeckungen geht. Denn selbstverständlich peinigt Sie der Gedanke, warum nicht Sie es sind, der oder die da entdeckt worden ist.

Und bitte geben Sie es nicht auf, mit Ihrem Schicksal zu hadern.

Die vom einfachen Leben freilich empfehlen Ihnen das Gegenteil. Die sagen, Sie würden sich unendlich viel verderben und vieles entginge Ihnen schlicht, weil Sie nicht endlich einsähen, kein verkanntes Genie zu sein. Sondern einfach ein netter durchschnittlich begabter Mensch, der nur von einem besonders viel erwischt hat: von Ambitionen.

Und was empfehlen diese Typen als Hilfsmittel?

Nicht etwa einen Malkurs in der Toskana, auch nicht diese Fernakademie für Autoren, die immer auf der Rückseite einer Ihrer Zeitschriften eine Anzeige schaltet, nein: Die empfehlen, Sie sollten es mal probieren.

Wenn Sie auf Seite dreißig Ihres Romans hängenblieben, weil er Sie selber schon langweilt, wenn andere bei Ihrem tragischen Gedicht einen Lachkrampf kriegen und Sie auf einmal selber mitlachen müssen, wenn Sie versuchen, einen Picasso im Museum oder nach einem Buch zu kopieren und plötzlich merken, daß es überhaupt nichts wird. Dann, sagen die, wären Sie endlich befreit von diesem Wahn, ein verkanntes Genie zu sein.

Aber Sie sind eben auch noch ein verkannter Psychologe der unbestechlichsten Art. Und sehen glasklar, was hinter diesem Gerede steckt: Die gönnen Ihnen einfach nicht, daß Sie vielleicht doch noch irgendwann den großen Durchbruch schaffen könnten.

Das ist unter meiner Würde!

Oder: Weshalb Sie es vermeiden sollten,
Ihre Pflichten zu lieben

Würde ist eine Tugend. Und wenn Sie eine haben, dann die.

»Die Menschenwürde ist antastbar« hatten zwar früher Studenten auf Klotüren gekritzelt. Aber Sie bringt kein Mensch dazu, etwas zu tun, was unter Ihrer Würde wäre.

Sie haben, meinetwegen, studiert. Wie kämen Sie da bitte auf die Idee, unter jemandem zu arbeiten, der kein Studium hat? Jeden Tag diese unwürdige Situation zu ertragen, das würde Sie krank machen. Lieber gar nichts als das.

Die vom einfachen Leben behaupten wie üblich das Gegenteil: Krank mache es, gar nicht zu arbeiten. Denn jeden

Arbeitslosen quäle früher oder später das Gefühl, nicht gebraucht zu werden. »Wozu«, fragt man sich da, »soll ich überhaupt aufstehen, wenn keiner auf mich wartet?«

Gebraucht zu werden, stärke bei jedem Menschen das Selbstwertgefühl und damit auch die Selbstachtung. Alte Menschen, das hat eine unfangreiche Studie kürzlich bewiesen, werden durch Enkelkinder mental und oft auch physisch verjüngt. Aus exakt demselben Grund. Entmutigend und entwürdigend sei es doch viel eher, jeden Morgen aufzuwachen und zu wissen: Keiner vermißt mich.

Was denn für Sie Würde überhaupt bedeute, bohren die vom einfachen Leben.

Sicherlich würden Sie sich doch nie weigern, Ihre Kräfte in den Dienst einer guten Sache zu stellen. Ein Dienst habe aber nun mal mit dienen zu tun. Und es sei ein Zeichen von Hybris, von Vermessenheit, dienen als entwürdigend einzustufen. Leider stehe die Mißachtung des Dienens, sagen sie, gerade den Deutschen oft im Weg. Zwar quatscht jeder die Einsicht nach, daß den Dienstleistungsunternehmen die Zukunft gehöre. Aber bedienen, und sei's in einem noch so erfreulichen Lokal, ist in den Augen der meisten Deutschen kein begehrenswerter Job. Ganz anders in Italien, wo ein Kellner stolz ist auf seinen Beruf und auf die Eleganz, mit der er ihn ausübt. Geben wir es ruhig zu: Vieles finden wir nur deshalb unter unserer Würde, weil es ein bestimmtes Image hat.

Krankenpflege, zum Beispiel, eine höchst anspruchsvolle Arbeit, rangiert bei uns leider immer auf einer niedrigeren Stufe als das, was die Ärzte machen.

In Schweden, wo Krankenschwestern und -pfleger hohes Ansehen genießen, höher als die Mediziner, kennt man keinerlei Nachwuchsprobleme in diesem Sektor. Und an der Geringschätzung hierzulande kann sich nur etwas ändern, wenn auch ein Jungmediziner ohne Stelle es nicht unter seiner Würde findet, eine Zeitlang in der Pflege zu arbeiten, bis ein Job in seinem Fach frei wird.

Auf dem mißverstandenen Begriff Würde herumzureiten, sagen die Einfachheitsapostel, und sich für alles mögliche zu schade zu sein, das könne sogar lebensgefährlich werden. Nachweislich.

Dem Rabbi wird erzählt, ein reicher Jude aus seiner Nachbarschaft sei so verarmt, daß er an Hunger gestorben sei.

Sagt der Rabbi: »*Ein Jude kann hier in meiner Gemeinde nicht an Hunger sterben. Wenn er in ein jüdisches Haus hineingeht, würde man ihm bestimmt was zu essen geben.*«

»*Aber Rabbi*«, *sagen die anderen,* »*er war doch mal so reich, da hat er sich einfach geschämt zu betteln.*«

»*Dann*«, *sagt der Rabbi,* »*ist er nicht an Hunger gestorben sondern an der Scham.*«

Ihnen könnte das auch passieren. Schließlich sind Sie sich Ihrer Würde, Ihrer Menschenwürde sehr bewußt. Und alles, was erniedrigend wäre, lassen Sie. Absolut unter Ihrer Würde ist es, sich gar beim anderen, auch wenn das Ihr Intimpartner ist, zu entschuldigen, wenn der schuld ist an dem ganzen Zoff.

Auch was die Tätigkeit angeht, gibt es für Sie die Frage der Würde.

Fergie, zum Beispiel, die Ex-Gattin von Englands Prinz Andrew, die arbeitet schließlich auch nicht als Gärtnerin oder als Köchin.

Weil sie's nicht kann, sagen die vom einfachen Leben. Weil sie nichts Rechtes gelernt hat. Deswegen muß sie sich jetzt mit Jobs rumschlagen, die wesentlich entwürdigender sind als jedes Handwerk, sollten sie hundertmal mehr Kohle bringen. Für einen Schlankheitsdrink werben oder sich in Klatschmagazinen äußern, bezahlterweise – das sei wirklich entwürdigend. Oder Schlüsselromane schreiben, Aufmachergeschichten. Weil man etwas anderes nicht zu sagen hat, als Indiskretes, nichts anderes zu tun, als Intimgeheimnisse der Sorte auszuplaudern, die nun wirklich jeder Mensch mit etwas Würde für sich behält.

Aber Würde hat man im Blut oder man hat's nicht. Sie würden sogar sagen: im Geist oder in der Seele.

Gut, Sie glauben auch nicht in letzter Konsequenz an Wiedergeburt, aber manchmal befällt Sie das jähe Gefühl, schon mal dagewesen zu sein. Viele, die an Reinkarnation glauben, erzählen, sie seien früher Pharao gewesen, Hofmaler im barocken Frankreich, Tänzer, Pianist, Graf oder Gräfin in der Donaumonarchie.

Komisch, wundern sich da die vom einfachen Leben, daß fast nie jemand das Gefühl hat, in einer früheren Existenz Putzfrau oder Henker, simpler Söldner oder Bäuerin, Köchin oder Stallknecht gewesen zu sein. Davon gab es doch viel mehr. Aber die können sich ja gern selber mit solchen Ideen identifizieren.

Ist doch aufschlußreich, daß Sie persönlich unter sehr vielen Ihrer täglichen Pflichten leiden, eben weil die im Prinzip unter Ihrer Würde sind.

Putzen, zum Beispiel. Erst recht Kloputzen. Sie haben zwar einmal in der Woche eine Putzfrau, aber das reicht eben nicht.

Selbst Ihr Job ist, genau genommen, unter Ihrer Würde. Zumindest vieles, was angeblich dazugehört. Irgendwelchen Leuten zuhören zu müssen, für die Sie sich wirklich nicht interessieren, freundlich sein zu müssen zu Menschen, denen Sie wahrhaftig nichts schuldig sind oder gar Handlangerdienste für die zu verrichten. Und dieses Leiden an den täglichen kleinen Entwürdigungen, das strapaziert Sie seelisch.

Sie jedenfalls verstehen diesen Bekannten, der als arbeitsloser Historiker (immerhin wurde er promoviert und war jahrelang bei einem internationalen wissenschaftlichen Forschungsprojekt beschäftigt) Arbeitslosenhilfe bezieht – was ja sein gutes Recht ist. Aber nicht daran denkt, irgendeinen

Scheißjob zu machen in der Verwaltung, wo er der einzige Dr. wäre; lieber arbeitet er nebenher schwarz, als Experte für Antiquitäten und als Vermittler von seltenen Gemälden und Möbeln. An die 9000 kommen da zusammen, brutto für netto.

Fragen die vom einfachen Leben dann, ob es denn nicht unter seiner Würde sei, unverdientermaßen Geld anzunehmen, das andere wirklich brauchen.

Das ist eine alberne und moralinsaure Frage.

Außerdem hat dieser Mann Mitleid verdient. Nicht nur, daß er nicht den Job hat, dessen er würdig wäre, er bringt oft auch nächtelang kein Auge zu, aus Angst, erwischt zu werden.

Diese Einfachheitsapostel sagen, das sei doch allein sein Problem. Und was dieser Typ unter Würde verstehe, sei wie in den meisten Fällen nur Standesdünkel. Das mache unser Leben so schwierig, daß wir Amt mit Würde, offizielle Würden mit Menschenwürde verwechseln. Natürlich läßt sich eine menschenwürdige Existenz nur mit einem Mindestmaß an Geld führen. Aber sehr viel Geld zu besitzen, bedeute beileibe nicht, sehr viel Würde zu haben. Schließlich seien, lästern diese Typen vom einfachen Leben, die meisten sogenannten Würdenträger das beste Beispiel dafür, daß es dabei ebensowenig um eigentliche Würde gehe wie bei würdevollen Auftritten.

Da träten ehrenkäsige Leute auf, die viel Zeremoniell, Etikette und Brimborium brauchen, um sich selbstsicher zu fühlen. Diese vermeintliche Würde sei nichts als hinderlich. Sie stehe der Lebenslust im Weg. Sie störe bei jedem spontanen Einfall so gründlich wie eine würdevolle Robe beim Spaziergang. Denn die machte es unmöglich, einfach ein Ruderboot zu mieten und loszuziehen oder, ohne es geplant zu haben, sich auf einem Rummelplatz in der Schiffschaukel zu vergessen.

Das, was Sie Würde nennen, sagen die Einfachen, hindere

Sie daran, Glück zu erleben, geistig wie körperlich beweglich und wandlungsfähig zu sein.

Unter ihrer Würde, sagen die vom einfachen Leben, sei es nur, andere zu betrügen, zu hintergehen, auszunutzen und abzukochen. Jemandem windige Immobilien anzudrehen, noch kurz vor Jahresende jemanden zu Anlagegeschäften zu verlocken, die absolut zweifelhaft seien, jemandem etwas zu verkaufen, was seinen Preis nicht wert sei.

Der Tip derer vom einfachen Leben: Seine Pflichten so bewußt zu tun, bis sie zur Freude werden. Aber Sie kann keiner dazu überreden, Waschbecken- oder Schuheputzen, Zwiebelschneiden, Bettenmachen oder Unkrautjäten großartig zu finden. Sie haben außerdem nicht mal mehr Zeit für Ihre Meditationsübungen über all dem banalen Mist, der Sie aufhält.

Meditativ, sagen da die vom einfachen Leben, könne auch Gläserspülen und Gemüseputzen sein. Oder sogar Kloputzen. Das lasse sich bei jedem Zen-Meister nachlesen.

Würde zeige sich daran, wieviel Wahrheit jemand erträgt, sagen die.

Aber das ist nun derart weit hergeholt, daß Sie sich nicht damit abzugeben brauchen.

Eine Gemeinheit, uns zu vergleichen

Oder: Was Sie darin bestärken sollte,
sich für einzigartig zu halten

Individuell zu sein ist das Mindeste, was heute ein Mensch bieten muß.

Und Sie sind jemand, der in jeder Hinsicht bekennender Individualist ist. Mit der breiten Masse tun Sie sich schwer, und das ist auch gut so.

Selbst wenn Sie aufs Oktoberfest gehen oder in ein Fußballstadion, haben Sie mit den anderen nichts zu tun.

Ein Individuum sein, heißt unteilbar sein, und das leben Sie intensiv.

Manchmal bringt das allerdings Probleme mit sich.

Denn immer wieder passiert es Ihnen, daß Sie eingeteilt, zugeteilt und damit aufgeteilt werden. Daß Sie mit Leuten in einen Topf geschmissen werden, die wahrhaftig aus ganz anderem Holz geschnitzt sind als Sie. Bloß, weil Sie mit denen irgendwas gemeinsam haben. Nicht innerlich, bewahre, rein äußerlich.

Fängt damit an, daß Sie sich, wenn Sie sich um einen neuen Paß oder Personalausweis bemühen, mit Leuten in Wartesäle setzen müssen, die offenbar nichts zu tun haben. Und das macht Sie, als vielbeschäftigten Menschen, zuerst nervös. Und dann, je länger Sie darüber nachdenken, richtiggehend fertig.

Alle diese Situationen, wo man Ihnen gar keine Gelegenheit gibt, sich abzusetzen oder abzusondern. Schlangestehen vor irgendeinem U-Bahnhofsklo, öffentliche Verkehrsmittel ohnehin, besonders wenn sie überfüllt sind: Das sind Zumutungen für einen Individualisten wie Sie. Anderen macht das vielleicht weniger aus, aber Sie quält das, täglich.

Die vom einfachen Leben haben wie üblich kein Mitleid, sondern wahnsinnig schlaue Vorschläge.

Erstens, sagen sie, erschwere das Dran-Leiden die Situation nur. Zweitens gebe es überall Möglichkeiten, sich zu entziehen.

Radfahren statt U-Bahn oder Bus, zum Beispiel. Oder wenn das nicht geht, die individuelle Stärke beweisen und trainieren, indem Sie sich in ein Buch versenken, das Ihr Interesse so ungeteilt auf sich zieht, daß Sie von dem, was rundum passiert, riecht oder rotzt, gar nichts mitbekommen.

Nur, damit ist es ja nicht getan mit den Angriffen auf Ihre Individualität. Davor sind Sie ja nicht mal im Familien-, Freundes- oder Bekanntenkreis sicher.

Plötzlich behauptet da einer, Sie hätten gerade ausgeschaut wie Ihre Mutter. Aber doch wirklich nicht! Nicht nur, daß Ihre Mutter sicher zwanzig Kilo mehr auf die Waage bringt und ein Doppelkinn hat, sie ist auch eine echte Spießerin, vom Haarschnitt bis zu den Klamotten. Nein, Sie haben nichts gegen Ihre Mutter, die ist ein lieber Mensch, gütig, nett, alles, aber Ähnlichkeiten haben Sie mit ihr garantiert nicht. Obwohl Sie das derart genau wissen, wurmt Sie solch eine Bemerkung und verfolgt Sie oft tagelang.

Mit Sharon Stone oder Sean Connery, mit Isabella Rossellini oder Nicholas Cage, mit Meg Ryan oder Bruce Willis, meinetwegen auch mal mit Älteren wie Mario Adorf oder Senta Berger, damit ließen Sie sich vergleichen. Es gibt ja auch Stars, wo Sie selber deutliche Verwandtschaften erkennen, innerlich wie äußerlich. Aber das sehen die anderen meistens nicht, weil Sie eben nicht genau hingucken und deswegen Ihre Indivdualität nicht erfassen. Ihre Sprechstimme, zum Beispiel, die hat nun mal eher etwas von Sabine Christiansen oder auch von Gudrun Landgrebe oder von Götz George, aber mit Sicherheit nichts von Ihrer Mutter oder Ihrem Vater.

Und ehrlich gesagt: Dieses Gefühl, mit den falschen Leuten über einen Kamm geschoren zu werden, strengt manchmal ganz arg an, es schmerzt, es nervt.

Selber schuld, sagen die vom einfachen Leben.

Es gebe schließlich sogar Prominente, die absolut zufrieden seien mit ihrem durchschnittlichen Äußeren, mit ihrem Dutzendgesicht und es auch noch rausposaunen, daß sie eines haben.

Prodi, zum Beispiel, Italiens ehemaliger Ministerpräsident, betone das, auch einige große Bühnen- und Filmstars wie Tom Hanks oder Diane Keaton. Zum einen fänden sie es angenehm, außerhalb ihres Arbeitsfeldes, hinter den Kulissen, nicht erkannt zu werden. Zweitens zeige das, daß ihr Talent nicht in einer angeborenen Visage liege oder der äußeren Markanz, sondern im Talent und den inneren Werten.

Die vom einfachen Leben raten Ihnen sogar, sich weniger ernst zu nehmen in Ihrer Individualität. Reicht doch, sagen die, wenn man sich selber sicher ist, unteilbar und unverwechselbar zu sein.

Gerade eine solche Einstellung, behaupten sie, mache das Leben nicht nur einfacher. Sie mache es sogar außergewöhnlich. Denn das wollten nur wenige: nicht sofort als einzigartig erkannt werden.

Wer so um die Ecke denkt, findet natürlich immer was. Und die vom einfachen Leben finden wie üblich auch noch ein Beispiel für ihre Theorie.

›Das Leben des Brian‹ heißt einer der frühen Kultfilme von Monty Python. Und darin tritt ein Doppelgänger von Jesus Christus auf, eben dieser Brian. Der zieht sich mit seiner Freundin zurück, erhebt sich morgens, tritt ans Fenster, gähnt, räkelt sich und öffnet die Läden. Da starrt und brüllt ihm unten begeistert die Gemeinde seiner Anhänger entgegen, die zu ihm gepilgert sind. Er will ihnen diese blinde Gefolgschaftstreue austreiben, damit er endlich seine Ruhe hat, und erklärt ihnen in flammenden Worten: »You are all different, you are all individuals.«

Da hebt einer den Finger.

»I'm not«, sagt er.

Das ist der einzige wirkliche Individualist.

DER LUXUS,
WENIGER
ZU WOLLEN

Ein starker Wille – das klingt immer überzeugend.

Und Leute, die wissen wollen, was sie nun wollen sollen, halten sich an zeitgeistliche Literatur, heutzutage jedenfalls.

Die Anhänger von Pater Brown wissen aus dessen kleiner Bibel, was da auf dem Programm steht. Und das ist einiges: Sie müssen (Tip Nr. 10) ein Musikinstrument spielen lernen wollen, Sie müssen unbedingt den Ehrgeiz entwickeln, die Kompositionen von Chopin, Mozart und Beethoven auf Anhieb zu erkennen (Tip Nr. 34) und des weiteren unbedingt einen Fotokurs absolvieren wollen (Tip Nr. 64). Außerdem müssen Sie folgende Vorsätze in die Tat umsetzen: Lernen, wie man etwas Schönes mit den Händen macht (Tip. Nr. 71), sich in Ihrer Gemeinde einer Wohltätigkeits-Vereinigung anschließen (Tip Nr. 76), das Grundgesetz gründlich lesen (Tip Nr. 100), innerhalb eines Jahres einfach nebenher die Bibel studieren (Tip Nr. 115), Spanisch büffeln (Tip Nr. 138) und eine Pistole sowie ein Gewehr sicher bedienen lernen (Tip Nr. 148). Über all diesem Wollen müssen Sie auch noch die neuen Nachbarn mit einer Ihrer hausgemachten Spezialitäten überraschen wollen (Tip. Nr. 196), die Kunst-Ausstellungen auf höheren Schulen besuchen (Tip. Nr. 208) sowie Ihren Hund regelmäßig in eine Hundeerziehung bringen, bei der Sie angeblich beide viel dazulernen (Tip Nr. 211). Außerdem sollten Sie unbedingt das Holz für den Kamin selber schlagen (Tip Nr. 411) und täglich Ihren Kindern vorsingen und vorlesen wollen (Tip Nr. 417 und 418).

Naheliegend natürlich, daß Sie unter diesen Umständen noch eines werden müssen wollen: ein Experte in Zeit-Management (Tip Nr. 301).

Sie jedoch werden von solchen Forderungen nur kurz verschreckt. Schließlich ist alles eine Frage der Motivation; wenn

Sie einer richtig motiviert, dann sind Sie zu ungeheuren Leistungssteigerungen imstande. Außerdem heißt es doch: Wo ein Wille ist, ist auch ein Weg.

Ein Weg schon, grinsen da die Typen vom einfachen Leben. Nur was für einer.

Das müsse eine Kombination aus Kletterroute auf den Mount-Everest, Achterbahn, Tour-de-France-Route und Grand-Prix-Rennbahn sein, dieser Weg.

Aber denen fehlt eben jenes Streben, das schon der schlaue Goethe empfiehlt:

»Denn nur wer strebend sich bemüht«, versprechen vollmundig die Engel in Faust II, »den können wir erlösen.«

Und nach Pater Brown sollten Sie wirklich nach dem Höchsten streben.

Unter Nr. 505 fordert er schlicht: »Be a leader.« Aber damit nicht genug.

Unter Nr. 508 verlangt er außerdem: »Become someone's hero.«

Recht hat er. Jeder Mann (und heimlich auch jede Frau) will doch ein Held sein.

Ein Held werden, zumindest für irgend jemanden, das muß fantastisch sein. Und Sie haben ganz recht, wenn Sie sich darum bemühen. Denn wenn jemand zu Ihnen aufblickt, kommen Sie sich gleich viel größer vor.

Die vom einfachen Leben allerdings behaupten, Heldenhaftigkeit mache nicht immer Sinn, aber immer Streß. Und es gebe ziemlich viele Situationen, in denen sich Intelligenz nicht in Heldenhaftigkeit zeige, sondern im glatten Gegenteil.

Ein Jude und ein Christ geraten sich derart in die Wolle, daß sie nur noch einen Ausweg sehen: Sie müssen sich zum Duell fordern. Sie entscheiden sich, weil es weniger auffällt, für ein amerikanisches Duell und das geht so: Jeder der Duellanten muß blind in eine Kiste greifen, in der eine schwarze und eine weiße Kugel liegen und eine

*rausziehen. Wer die schwarze zieht, muß sich zurückziehen und
sich erschießen. Der Jude zieht die schwarze. Er geht ins Nebenzimmer, und man hört einen Schuß. Alle beten erschüttert, als die Tür
vom Nebenzimmer aufgeht und der Jude zurückkommt.*

»Freut euch«, strahlt er, »ich habe nicht getroffen.«

Einer, der H. Jackson Brown glaubt, hätte sich natürlich angestrengt zu treffen. Na eben, sagen die vom einfachen Leben, zu viele Ambitionen komplizieren das Dasein, oft sogar unerträglich.

Schon deswegen, weil die meisten mehr wollen, als sie wirklich können und so ihr eigenes Scheitern vorprogrammieren.

Wer zu hoch hinauswill, empfindet das selbstverständlich selbst nicht so, das ist die Sichtweise Außenstehender. Aber die sehen eben, was das falsche Wollen an Wirkungen zeitigt. Streß, schwache Nerven, physische und psychische Erschöpfungszustände, Gereiztheit und ausgeprägten Konkurrenzneid, Angst, von anderen überholt zu werden, oder auch Angst, zu versagen oder nicht zu genügen.

Dieses Sorgenpäckchen drückt ganz heftig und außerdem täglich. Aufzuwachen mit dem Gefühl, überfordert zu sein, und das dann nicht mal zugeben dürfen: Das macht den gesündesten Menschen auf Dauer krank. Und Perfektionswahn genauso.

Da sind Sie allerdings anderer Meinung.

Schließlich sind diese Bücher, die »Having it All!« forderten, in den USA der 80er Jahre nicht zufällig zu Bibeln ambitionierter und emanzipierter Frauen geworden. Darin rieten Autorinnen jeder Leserin: Laß dir bloß nicht einreden, du müßtest auf irgendetwas verzichten. Du kannst und sollst alles gleichzeitig haben: Kinder und einen ausgezeichneten, gut bezahlten Job, einen zauberhaften Ehemann und wunderbare Freunde. Und überall kannst du perfekt sein. Als Mutter, als Karrierefrau, als Geliebte, als Freundin.

Die vom einfachen Leben winken da ab. Probiert hätten das ja einige, aber mindestens einen ihrer Glücksansprüche hätten diese Frauen aufgeben müssen, oft mit schweren Wunden.

Nur phasenverschoben schaffe selbst die tollste Frau alles und auch dann nur, wenn sie nicht vom Perfektionswahn getrieben werde, überall die Beste zu sein.

Es sei eben auch nicht jedermanns Ding, zwei, drei Dinge gleichzeitig zu erledigen, sagen die vom einfachen Leben. Im Gegenteil: Der Versuch, das wider besseres Wissen und Gefühl zu tun, führe schließlich dazu, daß man gar nichts mehr richtig erledige und nirgendwo mehr zufriedenstellend sei, geschweige denn zufrieden.

Richtig wollen, heißt der Tip von den Einfachheitsaposteln. Im richtigen Umfang, zum richtigen Zeitpunkt, in der richtigen Dosierung, im richtigen Tempo.

Woher aber sollen Sie bitte sehr wissen, was richtig ist?

Das wisse jeder in tiefster Seele von alleine, behaupten die.

Das sei wie bei Eltern, die einem Kind das Schwimmen beibringen – nach der Methode: »Schwimm mal nur bis zu mir.«

Sie wissen instinktiv, wie lang die Strecke sein darf zwischen ihnen und dem Kind, damit es ausreichend Lust hat, Mut und Kraft, das zu schaffen.

Aber wahrscheinlich wollen diese Typen vom einfachen Leben damit nur den gesunden Ehrgeiz bei anderen lähmen und sich so Konkurrenten von der Backe halten.

Ich hätte einfach etwas Besseres verdient

*Oder: Wie Sie ein Leben lang daran glauben,
unter Ihrem Niveau zu lieben*

Bestimmt gibt es auch in Ihrem Verwandten- oder Bekanntenkreis jemanden, der so ehrlich ist, Ihnen zu sagen: Dieser Partner, den Sie da haben, ist ganz nett, aber weit unter Ihrem Niveau. Intellektuell oder finanziell, vom Lebensstil, vom Auftritt oder der Ausbildung her. Oft ist es die Mutter, die das zuerst erkennt. Und dieser Erkenntnis Nachdruck verleiht, indem sie Ihnen zeigt, wer zum Beispiel Ihnen angemessen wäre. Die Frau von diesem großartigen Dirigenten oder diesem jungen Nobelpreisträger. Dieser Prinz von soundso, der oft in der Zeitung kommt, oder dieser Vorstandsvorsitzende, der eine Traumhochzeit gefeiert hat. Einer von denen wär's oder wäre es gewesen.

Und irgendwann sehen Sie es ein: Sie hat recht.

Es war eben ein blöder Zufall, daß Sie erst nach der Hochzeit befördert worden sind oder diesen grandiosen Auftrag bekommen haben, ein Großprojekt zu realisieren.

Im Freundes- und Bekanntenkreis erleben Sie ja ständig solche Geschichten.

Natürlich wollte von diesem einen Typen, als er ein völlig erfolglos dahinkrebsender Anfänger war, keines von diesen Superweibern mit Modelmaßen und ebenso schönem wie klugem Köpfchen irgend etwas wissen, da haben Sie jedes Verständnis dafür. Und damals war er natürlich dankbar, daß diese eine, die er schon seit Studienzeiten hatte, zu ihm gehalten hat. Nicht attraktiv, nichts Besonderes, aber gescheit und nett und immer für ihn da. Er hätte sie deswegen halt nicht gleich heiraten sollen, nur weil sie schwanger war oder weil er gemeint hat, ihr etwas zu schulden. Aber jetzt? Jetzt, wo er praktisch jede Woche einmal in der Zeitung steht und

40 000 im Monat macht, da könnte er jedes von diesen Superweibern haben. Jedes.

Vielleicht war es auch dumm von Ihrer Bekannten, ja zu sagen, als dieser rührende Schluff ausgerechnet um ihre Hand angehalten hat. Wirklich kein Beau und schon gar kein begehrter Junggeselle. Aber damals, als sie aus der Provinz in die Großstadt gekommen war, da war sie eben froh, daß sich irgendeiner um sie gekümmert hat, einer, der sich schon überall auskannte und auch massenhaft Bekannte hatte.

Nur heute, wo sie selber absolut souverän ist auf jedem Parkett, sich perfekt stylt von den Haaren bis zu den Schuhen, wo sie nach kleinen Eingriffen und konsequenter Diät fabelhaft ausschaut und wirklich so ziemlich jeden haben könnte, da geniert sie sich selbstverständlich immer öfter für ihn. Und betrachtet es nicht nur als ihr Recht, sondern sogar als ihre Pflicht, auszubrechen aus diesem Gefängnis eines zu niedrigen Niveaus.

Die hätten alle wirklich etwas Besseres verdient, aus aktueller Sicht jedenfalls.

Und das verstehen Sie umso besser, als Sie selber Ähnliches erlebt haben.

Und auch Ihre Mutter hat immer wieder gesagt: »Du hättest etwas Besseres verdient.«

Könnte es nicht sein, fragen die Typen vom einfachen Leben, daß all die unzufriedenen Partner zufrieden sein sollten mit dem, was sie haben?

Könnte es nicht sein, daß der Mensch an ihrer Seite vielleicht nur deswegen öfter mal ein bißchen ungeschickt, unbedarft, schattig, schüchtern oder bedeutungslos wirkt, weil er nicht beachtet wird und spürt, daß die eigene Frau, der eigene Mann ihn geringschätzt?

Könnte es nicht sein, fragen die vom einfachen Leben, daß all diese Unzufriedenen sich das Leben völlig unnötig schwer machen, weil sie nicht einsehen, daß sie optimal bedient sind?

Daß nichts Besseres nachkäme, höchstens etwas Reicheres oder Berühmteres, Jüngeres oder Dekorativeres?

Wäre es nicht klüger, anstatt solche Leute aufzuhetzen und hineinzuhetzen in die Jagd nach dem vermeintlich besseren Partner, ihnen klarzumachen, welches Glück sie mit dem haben, den sie haben?

Kluge Menschen sehen das ein. Tina Turner zum Beispiel: Wen könnte die nicht alles erobern. Aber ihr blasser unscheinbarer Lebensgefährte, ein weitgehend unbekannter Musiker, Deutscher noch dazu (was in der Welt nicht gerade als aufregend gilt), ist offenbar der Mann, mit dem sie glücklich ist.

Leider sind wenige so klug wie Tina Turner.

Zu einem Schadchen, einem jüdischen Heiratsvermittler, kommt ein unansehnlicher, uncharmanter ältlicher Mann, bekannt als Bankrotteur, und will sich eine gute Partie vermitteln lassen. Was er sich denn so vorstelle, fragt der Schadchen.

»Schön soll sie sein, reich und jung. Ja und klug auch noch.«

»Da hätte ich was«, sagt der Schadchen. »Das Mädchen hat nur ein winziges Problem, sie wird manchmal für eine Stunde meschuggen und dann macht sie unmögliche Dinge.«

»Und wie oft passiert das?« fragt der Anwärter.

»Zweimal im Jahr«, sagt der Schadchen.

»Och, damit kann ich leben«, meint der Anwärter großzügig. »Also, wann gehst du zu ihr hin?«

»Da müssen wir ein bißchen warten, bis sie ihre meschuggene Stunde hat. Dann wird sie dich vielleicht heiraten wollen.«

Gerade was die Partnerwahl angeht, ist es erstaunlich, daß kaum mal etwas zu hören ist von jemandem, der sagt: »Mein Gott, was hab ich für ein Massel gehabt, meinen Schatz erwischt zu haben. Das war echt mehr Glück als Verstand.«

Der berühmte Spruch: »Herzilein, ich geh', weil du einfach

zu schade für mich bist«, der ist bis dato nur von Männern bekannt, die ihre Frau für eine andere haben sitzenlassen.

Aber ansonsten fehle es, behaupten die Freunde des einfachen Lebens, bei den meisten sehr stark an der Einsichtsfähigkeit in das, was man selber als Partner zu bieten habe. Da reden wir von Marktwert in tausend Belangen und glauben, den taxieren zu können, ob es sich um einen Gebrauchtwagen handelt oder um ein Grundstück. Nur den eigenen Marktwert einzuschätzen, das fällt einem meistens schwer. Und daher fehlt auch das Gefühl dafür, was einem zusteht und ansteht. Welchen Partner man überhaupt verdient.

Ein Neureicher will seine böse, häßliche ältliche Tochter an den Mann bringen und will natürlich einen Schwiegersohn aus allerbester Familie.

Geht er also zum Heiratsvermittler und beauftragt ihn mit der Suche.

Kommt der schon nach wenigen Tagen zurück und sagt: »Ich hab etwas anderes gefunden. Der Sohn vom Schuster wäre geneigt. Ein ganz fleißiger und strebsamer junger Mann.«

Brüllt ihn der Neureiche an: »Mistkerl, was erlaubst du dir, mir eine derart schäbige Partie anzubieten! Hau ab und zeig dich nie wieder. Oder wirb um das Richtige.«

Nach ein paar Tagen steht der Heiratsvermittler wieder da. »Heute hab ich genau, was Sie wollen«, sagt er, »eine großartige Partie, vornehmstes Haus.«

Er nennt den Namen und der Neureiche strahlt.

»Ja, das ist genau das Richtige. Hast du schon vorgesprochen?«

»Ja«, sagt der Heiratsvermittler.

»Und? Was haben sie gesagt?«

»Genau das gleiche, was Sie mir bei meinem ersten Vorschlag gesagt haben.«

Abgewiesen zu werden, tut weh. Nicht nur in dem Augenblick, wo es passiert, sondern oft ein Leben lang. Immer wieder kommt die Erinnerung hoch an diese Kränkung. Ob das in der Tanzstunde war, auf einer Party, nach einer Party bei der berühmten Frage: Gehst du noch mit rauf? Oder: Sehen wir uns morgen? Oder wirklich bei einem Heiratsantrag.

Doch die Typen vom einfachen Leben erklären frech, diesen Schmerz könne sich fast jeder ersparen. Voraussetzung sei freilich ein Prozeß, der zu Recht als mühsam gilt: Selbstkritik zu üben.

Wer sich in aller Ruhe über seine Vorteile und Nachteile klar werde, sagen die vom einfachen Leben, werde sich auch darüber klar, was er von einem Partner erwarten dürfe.

»Gehen Sie in sich«, raten die, »bevor Sie auf Partnersuche gehen.«

Aber der erste Weg ist eben arg weit und der zweite viel unterhaltsamer.

Wenn ich nicht befördert werde, dann macht der Job hier keinen Sinn/ist das eine Intrige

Oder: Was Sie tun müssen,
um ein Karrierist zu bleiben

Ehrgeizige Menschen gibt es nicht. Oder kennen Sie etwa einen einzigen, der sich selber so nennt? Das ist wie mit den Schickimickis oder den Yuppies: Die kann es auch nicht geben, denn keiner will einer sein.

Aber ambitioniert würden Sie sich doch nennen, nicht wahr?

Das teilen Sie mit all den Menschen auf dieser Welt, die Machtpositionen haben und eisern behaupten, Macht interessiere sie nicht. Obwohl sie als mächtige Kritiker mit Wollust Leute aufbauen oder vernichten, obwohl sie aufgrund ihrer

Macht andere hin- und herschieben können wie Schachfiguren und das auch genüßlich praktizieren.

Befragt nach Machtgelüsten sagen sie:»Mir geht es nur darum, etwas zu bewirken.« Oder: »Mir geht es um die Message.« Und Ihnen geht es auch bestimmt nur um Inhalte, nicht um die Position.

Im Gegenteil: Nur dieser Inhalte wegen nehmen Sie es in Kauf, daß Sie sich um einen Job bemühen, von dem andere behaupten, er sei eine Nummer zu groß.

Da wachsen Sie schon rein, wäre ja gelacht. Sie sind schließlich ein antriebsstarker Charakter. Zur Not besuchen Sie eben heimlich noch ein paar Crashkurse, um das zu lernen, was Sie für den Job schon können müßten. Oder ackern am Wochenende die Fachbücher zum Thema durch.

Das ist allemal einfacher, als zu erleben, wie andere an einem vorbeiziehen.

Keineswegs, sagen diese Typen mit ihrem einfachen Leben.

Sich überfordert zu fühlen, sei mindestens so verheerend, wie das Gefühl, unterfordert zu sein.

Denn das führt, behaupten sie, zu einem Dauerstreß. Weil die innere Unsicherheit, egal wie gut sie kaschiert wird, überempfindlich macht für die leiseste Kritik. Gleich schießt da die Angst hoch: Der will mir ein Bein stellen oder mich absägen.

Ein Mensch, der tagtäglich vom Job überfordert sei, ob fachlich, organisatorisch, körperlich oder rein nervlich, könne viele darüber hinwegtäuschen. Einen aber bestimmt nicht: sich selber. Und wer sich ständig umzingelt wähnt von Königsmördern, wird krank, nicht glücklich.

Bei Ihnen ist das natürlich etwas ganz anderes. Es ist Ihre übergroße Selbstkritik, die Sie immer wieder daran zweifeln läßt, ob der Job Sie nicht überfordere.

Und außerdem: Der Konkurrent, der sonst Ihren Job bekommen hätte, wäre bestimmt nicht besser gewesen. Und dann hätten Sie mit ansehen müssen, wie der da eine Etage über Ihnen rumstümpert.

Grauenvoll. *Davon* bekommt man Magengeschwüre, nicht von dieser ominösen Überforderung. Und niemand kann von Ihnen verlangen, daß Sie sich damit abfinden, mit vierzig noch immer der Stellvertreter zu sein.

Müssen Sie ja nicht, sagen die Einfachheitsbegeisterten.

Machen Sie sich doch einfach selbständig, ermuntern die. Wenn Sie gut sind, schaffen Sie das.

Von den Risiken der Selbständigkeit haben die offenbar noch nie was gehört.

O doch, sagen sie. Aber wer den Mut dazu nicht habe, der tauge auch als Chef oder Abteilungsleiter nicht. Außerdem müßten Sie als Freiberufler nie mehr die Angst haben, jemand könne Sie ungerechterweise bei der Beförderung übergehen: Sie befördern sich selber. Und Sie können es verhindern, daß Ihnen der Job über den Kopf wächst.

Auf solche Spielchen läßt sich ein besonnener Mensch wie Sie nie ein.

Lieber haben Sie morgens bei der Fahrt in den Job wie immer dieses Angstgrimmen im Bauch. Das ist allemal gemütlicher, als voll und ganz Verantwortung für sich zu übernehmen. Und vor allem: Karriere machen heißt doch nicht, sich selber was zu beweisen. Den anderen wollen Sie's zeigen.

Also bleiben Sie bei der Stange und klettern Sie nach oben.

Auch wenn Sie Schwielen dabei kriegen, sogar an der Seele.

Und hören Sie bitte nie auf Ihren Partner oder auf Freunde, wenn die Sie davor warnen. Wenn die plötzlich behaupten, mit Ihnen sei abends nichts mehr anzufangen, und von dem einstmals berühmten Unterhaltungstalent sei nichts mehr zu spüren. Selbst die sind eben nicht frei von Neid.

Mit vierzig ohne Eigenheim, das ist wie impotent

Oder: Wie Sie der Idee treu bleiben,
reich zu werden sei ein Lebensziel

Zugegeben: Für Geld machen die meisten Menschen alles. Es muß nur genug sein.

Und wenn ein Mensch ohne Schönheit, Jugend, Charme oder Geist beachtet werden will, braucht er Geld. Nachdem Schönheit und Jugend flüchtig sind, Charme eine subjektive Angelegenheit ist und Geist nicht einwandfrei zu definieren, gehen Sie lieber auf Nummer Sicher.

Natürlich hätten Sie mehr als das zu bieten, aber Geld macht eben selbstbewußt.

Ja geradezu charismatisch. Wie sonst als mit dieser Ausstrahlung ließe sich erklären, daß Donald Trump oder der Sultan von Brunei, die Mafia-Bosse und die Bosse der Drogen-Kartelle, die Dollar- wie die Ölmillionäre immer so schöne junge Frauen kriegen? Auch bei Onassis kann es nur sein bezaubernder Umgang, sein sprühender Geist gewesen sein, dem Jackie Kennedy erlag.

Es muß das unwiderstehliche Charisma sein, der starke Charakter, der aus dem Geld und mit dem Geld wächst.

Deswegen rackern Sie sich, ob Mann oder Frau, zu Recht dafür ab.

Mit Geld kann man sich eben mehr kaufen als Besitz: Man kann sich Menschen kaufen.

Überall werden Sie besser behandelt, wenn das Konto gut gefüllt ist, und hier und dort etwelche Immobilien beweisen, wie zuverlässig und vertrauenswürdig Sie sind.

Leute, die nichts auf die hohe Kante legen und nichts anlegen, sind in Ihren Augen kriminell, sogar gegen sich selber. Was die an Steuern sparen könnten, und nebenbei Sicherheiten fürs Alter bilden.

Die vom einfachen Leben rechnen Ihnen dann vor, daß es sich in keiner Weise rechne, Eigentum zu erschulden, weil die Steuer nur gestundet werde, nicht geschenkt. Und fragen Sie außerdem dreist, ob *Sie* es denn einem Haus oder einer Wohnung ansähen, ob die, die drin wohnen, Eigentümer sind oder Mieter.

Sie kommen, ausgebufft wie sie sind, zwar nicht mit diesem angestaubten Spruch, es könne keiner etwas mit ins Grab nehmen. Aber dafür kommen sie dann mit dieser Story von Scholem Goldblum, dem Besitzer eines großen Hotels.

Der Goldblum liegt im Sterben und läßt seinen Sohn zu sich kommen, um ihm noch ein paar Eizes, ein paar gute Ratschläge, zu geben.

»Nun wirst du übernehmen müssen meine Geschäfte. Und du mußt es machen wie ich. Ich hab gehabt ein kleines Geschäft. Es ist nicht gegangen. Darauf hab ich genommen einen Kredit und hab gekauft eine Fabrik. Ist auch nicht gegangen. Darauf hab ich genommen einen großen Kredit und hab gekauft ein Warenhaus. Ist auch nicht gegangen. Drauf hab ich genommen noch einen größeren Kredit und hab gekauft dieses Hotel. Will wieder nicht gehen. Wirst also nehmen noch einen größeren Kredit...«

»Aber Tateleben«, fällt der Sohn ihm erschrocken ins Wort. »Man darf doch nicht ewig leben von Kredit!«

Sagt der Alte: »Man lebt auch nicht ewig.«

Klar, daß Sie das verantwortungslos finden. Und daß Sie das nur noch bestärkt in der Ansicht, Eigentum beweise Seriosität. Und ein vernünftiges Sicherheitsdenken.

Und wenn die vom einfachen Leben Sie dann daran erinnern, wie Menschen im Krieg, wie Flüchtlinge und Verfolgte und Vertriebene von jetzt auf gleich ihren Besitz verloren haben, dann kratzt Sie das wenig. Mit Unwahrscheinlichkeiten geben Sie sich nicht ab.

Und wenn diese Typen dann behaupten, in Bausparkassen

werde die Phantasie beerdigt und erklären, wer dauernd an die Raten fürs Eigenheim denke, der verbarrikadiere sein Hirn für neue Ideen und Unternehmungen, hören Sie einfach weg. Sie sind nun mal ein Mensch, dem Struktur im Leben ein Bedürfnis ist.

Am Montag freuen Sie sich aufs Wochenende, am Wochenende sind Sie zwar zu erschöpft, um es zu genießen, aber es ist ja Urlaub in Sicht. Der Urlaub wird kürzer als geplant (wegen der Raten für die Eigentumswohnung), aber irgendwann gehen Sie ja in den Ruhestand, und dann wird es richtig gemütlich.

Falls Sie nicht, lästern die Einfachen, vorher sterben oder im Krankenhaus liegen.

Von solch windigen Reden lassen Sie sich nicht beeindrucken.

Schließlich haben in Ihrem Bekanntenkreis mittlerweile so gut wie alle eine eigene Wohnung, und wie stünden Sie vor denen und erst recht vor den Eltern oder Schwiegereltern da, wenn Sie mit vierzig noch immer nichts Eigenes haben.

Welche Bekannten und Freunde es bereits geschafft haben, das läßt sich offenbar auch gar nicht geheimhalten, das merkt man bald: Daran, daß sie kaum mehr zu sich einladen und wenn, dann zu Wein von Aldi, eingeschweißtem Lachs von Aldi und Gouda von dort. Weil irgendwann dann mal alle Wein von Aldi haben, eingeschweißten Lachs von Aldi und Gouda von dort, schmeckt's keinem mehr, aber keiner traut sich was zu sagen. Außerdem bringen die Leute, sobald sie anfangen, das Eigentum abzuzahlen, nur noch diese Wanderpokale mit, vor denen die Einfachheitsapostel bereits gewarnt haben. Da werden Sie so blöd sein, weiterhin schöne Weinflaschen und liebevoll ausgesuchte Blumen zu verschenken und nachher der einzige sein, der in fremden vier Wänden haust.

Aber die anderen haben es doch gar nicht besser, sagen die Typen vom einfachen Leben. Die haben mit ihrer Eigentumswohnung nur den Ärger der Mieter, kombiniert mit dem der Besitzer. Wie jeder Mieter haben auch die stolzen Wohnungseigentümer keinerlei Einfluß auf Nachbarn, darauf, wer drüber streitet oder drunter Schlagzeug, Geige oder Saxophon übt. Und wie jeder Besitzer müssen Sie nun auf einmal für Instandsetzungsmaßnahmen blechen.

Die Freunde des einfachen Lebens, das muß der Neid ihnen lassen, haben ziemlich unübersehbar eine hohe Lebensqualität. Die mieten Wohnungen, die sie sich nie als Eigentum leisten könnten, richtige Traumwohnungen in Traumlage, gegen die ein Reiheneckhaus in irgendeinem Spießer-Ortsteil ganz schön abstinkt.

Und auf die Frage, die sie sich schon gefallen lassen müssen, was sie mal ihren Kindern vererben wollen, sagen sie: gute Erziehung.

So reden sie daher, diese Egoisten.

Der Luxus,
weniger
verfügbar
zu sein

Sie sind zur Stelle, wenn man Sie braucht. Kein Wunder, daß Sie als gut organisiert gelten. Und als absolut zuverlässig. Sie lassen keinen hängen. Sie sind immer verfügbar, zumindest am Mobiltelefon.

Ist ja wohl logisch, daß es Sie oft nervt, wenn das Ding auch noch das ganze Abendessen durch piepst. Und daß Sie, obwohl prompt zur Stelle, oft nicht ganz bei der Sache sind.

So daß dann undankbare Leute fragen: »Hörst du mir denn überhaupt zu?«

Oder sich beschweren: »Du bist in Gedanken ja ganz woanders.«

Das wird ja doch erlaubt sein, oder? Bei dem, was Sie um die Rübe haben.

Sogar Ihr Partner nervt Sie manchmal mit solchen Reklamationen. Und fragt dann penetrant nach: »Gut, dann sag mir doch bitte, was ich grade erzählt habe.«

Das lieben Sie! Da reißen Sie sich den Hintern auf und was ernten Sie? Undank.

Zum Glück nicht überall. Viele wissen es schon zu schätzen, daß Sie verfügbar sind, total flexibel. Frei von diesem spießigen Denken in Mittagspausen und Abendessenszeiten. Kein Mensch kann sich merken, wann wer aufsteht oder ins Bett geht.

Man muß dann eben damit leben, daß Sie gerade am Runterschlucken sind oder am Kauen. Sie stört das schließlich auch nicht, wenn jemand am anderen Ende der Leitung gähnt oder Eßgeräusche von sich gibt.

Wer verfügbar ist und Verfügbarkeit erwartet, ist da nicht pingelig.

Die Leute vom einfachen Leben behaupten natürlich – wie könnte es anders sein –, mit dieser Verfügbarkeit rund um die

Uhr und rund ums Jahr würden Sie bei niemand beliebter. Und niemand hielte Sie deswegen für wichtiger oder sei Ihnen dankbar. Schließlich empfinde auch keiner Dankbarkeit für die Telefonauskunft rund um die Uhr oder für die Ansage, welche Apotheke Notdienst hat. Das ist ja wohl selbstverständlicher Service. Und dazu, warnen die, verkämen Sie auch.

Für unentbehrlich, unterstellen diese Typen vom einfachen Leben dreist, hielten nur Sie selber sich.

Und daher trügen Sie auch alleine die Verantwortung dafür, daß Sie nie zur Ruhe kämen, oft Kopfweh oder Kreuzschmerzen hätten und Ihr Schlaf längst nicht mehr erholsam sei.

Aber von diesem antiquierten Kassandrageschrei lassen Sie sich bestimmt nicht bewegen, etwas in Ihrem Leben zu ändern.

Die werden schon noch sehen, wo sie bleiben im härter werdenden Konkurrenzkampf.

Auf meinem Boot erreichen Sie mich unter folgender e-mail-Adresse . . .

Oder: Warum Sie niemals riskieren dürfen,
unerreichbar zu sein

Wer sich heutzutage den Anforderungen moderner Kommunikationstechnik nicht stellt, ist für die Gesellschaft unzumutbar.

Ist doch klar, daß ein vielbeschäftigter Mensch erwartet, jeden, den er erreichen will, auch zu erreichen. Und natürlich nicht irgendwann. Als das Fax kam, wurden Briefe lächerlich, und jetzt hat das e-mail die Faxer ins Aus katapultiert. Denn Informationen müssen weitergegeben werden und zwar sofort. Kennt doch schließlich jeder, dieses dumme Gefühl, daß einem plötzlich etwas nicht mehr einfällt, was irrsinnig wichtig gewesen wäre. Bloß weil der andere, dem man es sagen wollte, nicht da war.

Die vom einfachen Leben fangen natürlich schon wieder zu lästern an.

Wenn einem etwas partout nicht mehr einfalle, dann sei es so wichtig nicht gewesen.

Leeres Gewäsch! sagen Sie dazu. Gerede von Leuten, die nicht gebraucht werden, weil sie nicht zu gebrauchen sind.

Es gibt solche Typen, die entziehen sich einfach. Reisen drei Wochen in Urlaub, ohne irgendeine Adresse zu hinterlassen. Keine Telefonnummer, keine Faxnummer. Diese Typen vom einfachen Leben machen es genauso. Die melden sich zwar vorher ab, aber außer, daß sie »irgendwo auf Bali« oder »irgendwo in Finnland« sind, verraten sie nichts.

Ein moderner und verantwortungsbewußter Mensch wie Sie ist fassungslos über ein derart anachronistisches Gebaren. Rentner können sich so was vielleicht leisten, aber doch nicht jemand, der mitten im Beruf steht.

Wer nicht da ist, wenn man ihn braucht, der ist selber schuld, wenn andere Karriere machen.

Jederzeit abrufbar sein: Das ist heute doch das simple Erfolgsrezept.

Erstaunlich allerdings, daß ziemlich viele von diesem Verein »Einfach leben« trotzdem gute Jobs kriegen. Obwohl die meisten nicht mal ein Mobiltelefon besitzen. Und diesen Tatbestand auch noch mit dem frechen Kommentar erklären: »Ich bin kein Call-Girl« (wahlweise Call-Boy).

Und die wenigen, die ein mobiles Telefon haben, sind dann wirklich so verbohrt, das Ding stundenlang abzustellen. Es gäbe ja die Mailbox, sagen sie. Und zu Hause einen Anrufbeantworter. Wer sich allerdings einbildet, den würden sie aus dem Feriendomizil wenigstens täglich abhören, brennt sich.

Informationsspeicher seien zum Speichern da, und nur wenn sie so benützt würden, erleichterten sie den Alltag wirklich, sagen diese Typen vom einfachen Leben. Und behaupten außerdem, es mache überhaupt keinen guten Eindruck, wenn jemand sich umgehend melde, zwei bis zehn Minuten, nachdem die Nachricht hinterlassen worden ist. Für intelligente Vorgesetzte oder Auftraggeber rieche das sogar nach übertriebener Gefolgschaftstreue, nach Hacken-Zusammenschlagen. Und von Leuten, die auf die Art Unterwürfigkeit demonstrieren, sei wenig Widerstand, Inspiration und gedankliche Eigenleistung zu erwarten. Außerdem kommen sie dann mit einem Ergebnis an, daß speziell die Deutschen zu einer an Servilität grenzenden Haltung neigen; daß sie sich im Durchschnitt nach spätestens 15 Minuten meldeten, die Italiener sich hingegen im Durchschnitt zwei Stunden Zeit ließen.

Das ist nun geradezu infam; Zuverlässigkeit ist schließlich eine positive Qualität, privat wie beruflich.

Die vom einfachen Leben behaupten aber, Zuverlässigkeit zeige sich nicht darin, wie schnell, sondern *daß* jemand zurückrufe.

Ist schon richtig, daß es Ihnen auch vor allem darauf ankommt, sich darauf verlassen zu können, *daß* jemand ein Treffen einhält oder ein Versprechen. Und es stimmt auch, daß es Sie oft nervt, mitten unterm Esssen, irgendwo im Restaurant, wo's gerade gemütlich wird, über Berufliches zu reden. Den Terminkalender zu zücken und im Kopf auf einmal wieder im Büro zu sein.

Andererseits sind Sie sicher, daß es schlicht professionell wirkt, wenn Sie am Pool oder in der Bar, in der Hotellobby oder in der Eisdiele ganz cool auf Job stellen können. Zack, einfach umswitchen. Wer dafür kein Verständnis aufbringt – bitte. Der lebt eben in einer anderen Welt. Aber da soll er auch bleiben und verrotten.

Zugegeben: Ihr letzter Partner hat deswegen dauernd gemosert, daß Sie nie abschalten können, weder im Kopf noch am Mobiltelefon. Das sei ein Hinweis gewesen, daß was nicht stimmt, sagen die vom einfachen Leben. Aber Sie wissen es natürlich besser, woran die Beziehung wirklich zerbrochen ist.

Gut, auch einem Ihrer Bekannten ist die Frau davongelaufen, weil er am dritten Hochzeitstag aus dem kuscheligen Lokal eine halbe Stunde mit seinem Geschäftspartner telefoniert hat.

Aber dann, sagen Sie sich, haben die beiden nicht zusammengepaßt. Oder er hätte daran denken sollen, ihr auch ein Mobiltelefon zu organisieren, damit sie währenddessen mit irgendeiner Freundin ratschen kann.

Ohne mich läuft da gar nichts

Oder: Warum Sie sich immer für unersetzbar halten sollten

Es gibt ja tausend Auszeichnungen in diesem Lande. Für Kavaliere auf der Straße und für Mutter Teresas unbekannte Schwestern und Brüder, es gibt bayrische und nordrheinwestfälische und sächsische Verdienstorden, es gibt das Bundesverdienstkreuz in allen möglichen Preislagen. Aber viele verdienstvolle Leute werden eigentlich nie gewürdigt oder gar geehrt und ausgezeichnet.

Dabei geben sie wirklich ihr Letztes. Reißen sich ein Bein aus, um pünktlich zu sein und zuverlässig, schleppen sich halbkrank in den Dienst, kurieren noch die schwerste Grippe am Arbeitsplatz aus, machen nie auf krank, dafür unbezahlte Überstunden. Und ein beachtlicher Teil vom Urlaub wird derart lang aufgeschoben, daß er schließlich verfällt.

Sie sind auch ein bißchen von der Sorte.

Nicht, weil Ihnen das so wahnsinnig viel Spaß machen

würde, sich aufzuopfern für ein Unternehmen oder sonstwen, die's Ihnen bestimmt niemals danken.

Sondern schlicht, weil Sie wissen: Ohne Sie läuft da nichts. Sie sind einfach unersetzlich.

Dann müssen Sie eben damit leben, daß Sie ein Herzinfarkt erwischt, daß Ihr Liebes- oder Familienleben darunter leidet, daß Ihr Rücken schon mit Ende Dreißig nicht mehr so recht mitmacht. Aber gegen dieses tief verwurzelte Verantwortungsgefühl, gegen dieses Pflichtbewußtsein, das Ihnen zur zweiten Natur geworden ist, können Sie eben nicht an.

Wollen Sie nicht, sagen die vom einfachen Leben. Denn Sie könnten es nicht ertragen, ab und zu auch mal entbehrlich zu sein. Ersetzt werden zu können durch jemand anderen.

Wie das dann aussieht, erzählt Jerusalems bester Unterhalter, Gad Granach, in seiner Autobiographie ›Heimat los!‹. Darin berichtet er unter anderem über die Gründungsjahre Israels, wo die vielen Akademiker, die damals aus Deutschland eingewandert, sagen wir besser: im letzten Moment geflohen waren, all die Rechtsanwälte, Naturwissenschaftler und Ärzte, es schwer hatten, einen Job zu finden.

Und er erzählt die Geschichte, »wie ein Autobus mit dreißig Arbeitern in eine Orangenplantage fährt. Auf einmal wird einer ohnmächtig, denn es ist sehr heiß.

Der Chauffeur hält an und 29 Männer springen auf und schreien: ›Ich bin Arzt! Ich bin Arzt!‹.

Da sagt der Chauffeur: ›Ruhe, meine Herren Kollegen, in meinem Bus behandle ich.‹«

Die vom einfachen Leben fangen bei diesem Thema schon wieder an, der Horror vacui sei an Ihrem Streß schuld und daran, daß Sie sich mit Überarbeitung und Überbuchung belasten.

Sie hätten, unterstellen die schamlos, nur Angst, der Leere ins Gesicht zu blicken, also Angst vor dem Tod oder vor einem Mangel an wesentlichen anderen Inhalten in Ihrem Dasein.

Wie fast alles von denen eine sehr unschöne Interpretation von Hingabebereitschaft und Engagement, von Selbstlosigkeit und Tapferkeit.

Es ist zwar richtig, daß es Sie verletzen würde, wenn es über einen Nachfolger oder gar eine Urlaubsvertretung hieße, die habe das eigentlich genausogut gemacht. Und es wäre für Sie eine Beleidigung, wenn keiner Sie vermissen würde. Aber daß hinter Ihrer Aktivität, Ihrem übergroßen Einsatz Angst steckt, vielleicht sogar, wie diese Typen behaupten, die Angst, nicht geliebt zu werden, das ist albern.

Sicher setzen Sie die Liebe Ihrer Freunde, die Stabilität Ihrer Ehe oder Partnerschaft aufs Spiel, wenn Sie dauernd demonstrieren, daß der Job Vorrang hat vor allem anderen.

Aber das ist die Folge Ihres Totaleinsatzes, nicht die Ursache für Ihr Engagement.

Also machen Sie bitte weiter so. Und lassen Sie sich von dieser mißgünstigen Mischpoche nicht einreden, Sie bräuchten das Gefühl, unentbehrlich zu sein.

Vor allem aber zweifeln Sie nicht an sich.

Auch wenn der Arzt Sie davor warnt, weiterhin unausgeheilte Infekte mit sich herumzuschleppen.

Das hat Zeit und irgendwann haben Sie die, ganz bestimmt.

Spätestens dann, wenn endgültig ein Ersatz für Sie gefunden worden ist.

Und keiner mehr von Ihnen und Ihrem aufopfernden Engagement redet.

Natürlich schmeckt mir das!

Oder: Wie Sie es auf jeden Fall schaffen, everybody's darling zu sein

Beliebtsein ist ungemein wichtig. Denn nur so hält man sich Kritik vom Leibe. Nur wer überall beliebt ist, muß nicht mit dem ungemütlichen Gefühl leben, es stünde ein Feind im Rücken mit aufgeklapptem Messer. Und von Publikumslieblingen wissen wir: Beliebt wird man, indem man sich beliebt macht. Das kostet zwar Zeit und Geld, aber die sind gut investiert. Natürlich nur, wenn man es effizient macht. Unwichtigen Leuten braucht keiner um den Bart zu gehen. Aber für die, die wichtig sind oder es zumindest mal werden könnten, muß man einfach alles tun. Wenn sie anrufen und wissen wollen, wo sie in Ihrer Nähe preiswert übernachten können, bieten Sie selbstverständlich an: »Übernachtet doch bei uns!« Auch wenn Ihre Wohnung absolut ungeeignet ist für Gäste.

Wenn jemand Wichtiger anruft und eine Telefonnummer von Ihnen wissen will, die Sie auch nicht haben, dann würden Sie niemals sagen: »Ruf doch die Auskunft an.« Sondern Sie rufen selber dort an und dann wieder bei dem, der die Nummer braucht.

Lassen Sie sich von denen, die angeblich einfach leben, bloß nicht einreden, Sie würden benutzt oder ausgebeutet.

Die pflegen ja auch die Devise: »Everybody's darling is everybody's Depp.«

Nein, *Sie* sind klug genug, sich keine Feinde zu schaffen.

Auch wenn Sie oft genervt sind, wenn wieder mal jemand von Ihnen Freßadressen in Paris und Hoteltips für New York wissen will, die Sie dann nachschlagen in Ihren diversen Reiseführern. Natürlich könnten andere sich auch – so wie Sie jedes Jahr – die neuen Guides von Veronelli bis Gault Millau, von Michelin bis Gambero Rosso oder Varta kaufen, aber Sie

148

haben eben Verständnis dafür, daß andere sich diese Ausgabe sparen wollen.

Zwar sagen die, die einfach leben, solchen Service würde Ihnen keiner danken, aber die sind eben zu geizig.

Zugegeben: Manchmal wundern Sie sich schon, warum Sie diesem Bekannten beim Umzug helfen und Umzugskartons aus Ihrem Keller rüberfahren, obwohl der sich bereits die zweite Eigentumswohnung gekauft hat und sich eigentlich eine Umzugsfirma leisten könnte. Aber daß dieser Typ hintenrum sagt, mit Ihnen könne man alles machen, halten Sie für ein böses Gerücht.

Pater H. Jackson Brown sagt sehr ausführlich, was ein Mensch, der einfach leben und einfach überall beliebt und anerkannt sein will, machen muß.

»Machen Sie jeden Tag drei Leuten ein Kompliment«, lautet sein Tip Nr. 1.

Und daran halten Sie sich gefälligst, auch wenn Sie einen Tag lang nur Kotzbrocken begegnen; kann ja sein, daß unter denen einer so intelligent ist, das Ganze zu durchschauen und Ihnen zu erklären, Sie seien ein ekelhafter Schleimer und es wäre besser, wenn Sie sagen, was Sie denken.

Des weiteren sollten Sie vor allen Leuten Respekt haben, die eine Uniform haben, rät der Pater dringlich an. »Zeigen Sie Respekt vor Polizisten und Feuerwehrleuten«, befiehlt er unter Nr. 45, und unter Nr. 46 heißt es: »Zeigen Sie Respekt vor Militärs.«

Außerdem rät er zu Respekt vor Lehrern, obwohl die keine Uniform anhaben.

Aber wie die anderen Respektspersonen können sie aufgrund ihrer Machtbefugnisse Ärger machen, und den will ein echter Darling nicht.

Um Überzeugungen kämpfen nur blutige Anfänger. Menschen wie Sie wissen, wo man besser die Klappe hält.

Wer beliebt sein will, muß eben einiges runterschlucken, das sagt auch Pater Brown in seinem ›Life's Little Instructions

Book«. Unschlagbar sein Tip Nr. 40: »Lehnen Sie niemals hausgemachte Brownies ab.«

Die Leute, die einfach leben, behaupten allerdings das glatte Gegenteil. Sie sagen, nichts gestalte das Leben ärgerlicher als Ja zu sagen, wenn man nicht will. Im Neinsagen, erklären die, liege die Rettung davor, Dinge zu tun, die einen entnerven.

Da brät eine Frau, die das Heil in der Makrobiotik gefunden hat, ihrem Freund Grünkernkoteletts. Sie hat sich sehr viel Mühe gegeben, und er weiß das.

Leider schmecken die Grünkernkoteletts grauenvoll. Sie bemerkt, daß er mit langen Zähnen ißt.

»Schmeckt's dir nicht?« fragt sie.

»Doch«, sagt er.

Das »Doch« klingt aber nicht sehr überzeugt und sie hört das.

»Schmeckt's dir wirklich?« fragt sie.

»Ja, Schatz. Bestimmt.«

Immer noch zweifelt sie, natürlich zu Recht, an seiner Aussage.

»Aber es schmeckt dir nicht besonders gut, oder?«

»Es schmeckt«, rafft er sich nun auf zu einem Superlativ, von dem er sich Erlösung verspricht, »ganz, ganz fantastisch.«

»Gut«, atmet die Köchin auf. »Dann mach ich das öfters. Das ist nämlich wahnsinnig gesund.«

Den Leuten, die nach Pater Browns Rat hausgemachte Brownies niemals ablehnen, droht ein ähnliches Schicksal. Jahrzehntelang werden sie die Brownies runterwürgen müssen. Aber dafür sind sie eben beliebt.

Und das, da sind sie sicher, gestaltet ihr Leben unendlich viel einfacher. Natürlich nicht auf den ersten Blick, da kostet das Beliebtsein Kraft, Geld und Nerven. Denn jemand wie Sie würde bestimmte Einladungen niemals absagen.

Was heißt da: fader Abend oder langweilige Leute?

Wichtige Leute können doch gar nicht langweilig sein, da

150

hält allein der Gedanke an das, was die für einen tun oder bewirken können, glockenwach. Da können diese Schwätzer
vom einfachen Leben zehnmal behaupten, es bringe überhaupt nichts, solche Muß-Veranstaltungen zu absolvieren.
Weil erstens die Energie für solche Aktionen woanders besser
investiert sei. Und es zweitens kein gutes Selbstgefühl gebe,
sich wie ein Erbschleicher zu bemühen, der einer unsympa-
thischen Tante oder einem ekelhaften Onkel schöntut, nur
um irgendwann deren Zaster zu erben.

Vor allem, warnen die Einfachheitsapostel, sei auf solche
Menschen von vornherein kein Verlaß. Wie besagte Erbtante
hätten die es raus, sich auf die vage Verheißung hin, alles Engagement für sie mache sich bestimmt mal bezahlt, andere
auszunutzen, auszubeuten und nachher auszutricksen.

Sicher kennen auch Sie solche Geschichten, wo einer sich
beide Beine ausreißt für jemanden, das Haus repariert, alle
Einkäufe erledigt und zum Schluß erfährt, die Kirche werde
bedacht, die Stadtsparkasse oder der Katzenfriedhof. Und Sie
geben auch zu, daß es Managerschicksale gibt, die ähnlich
verlaufen: Da dient sich einer als Kronprinz an, spielt für den
Vorstandsvorsitzenden den Hausel und den Handlanger, den
Vasallen und Schützengehilfen, und schließlich sorgt der
dafür, daß ein anderer aufrückt. Natürlich, ohne offiziell die
Hände dabei im Spiel zu haben.

Aber das, sagen Sie sich, sind eben Leute ohne Menschenkenntnis, denen so was passiert.

Fragt sich natürlich, woher jemand sicher sein will, welche
zu besitzen.

DER LUXUS,
WENIGER
ZU MÜSSEN

Wirf das bloß nicht weg.
Das muß ich unbedingt noch lesen

Oder: Warum Sie weiterhin Zeitungsausschnitte horten sollten

Sie sind ein Mensch, der sich voll und ganz zu Hause fühlt im sogenannten Informationszeitalter. Informiert sein heißt präsent sein und kompetent sein. Logisch, daß Sie wie jeder andere auch nicht alle Informationen aufnehmen und verarbeiten können, die für Sie relevant sind. Aber Ihnen entgeht trotzdem so gut wie nichts, denn Sie haben erstens alles Wesentliche abonniert. Und gehen außerdem die Fachmagazine und Zeitungen regelmäßig durch. Ist ja selbstverständlich, daß Sie nicht sofort die Zeit haben, das Interessanteste und Wichtigste zu lesen, aber Sie weiden jedes Blatt gründlich aus.

Irgendwann kommen Sie bestimmt dazu, das alles aufzuarbeiten und zwar systematisch. Spätestens vor dem Vortrag oder dem nächsten Fachkongreß.

Oder vor der nächsten Konferenz, wo Sie das im Kopf haben müsssen.

Es ist zwar ärgerlich, daß immer wieder irgend jemand Versuche unternimmt, diesen Wissensschatz zu vernichten, ob es die Putzfrau ist, der Partner oder eine Mutter, die von einem Ordnungsrausch befallen werden und alles mögliche rausschmeißen wollen. Und manchmal müssen Sie sich dann auch noch die blöde Bemerkung anhören, es gebe nichts Gestrigeres als eine Zeitung von gestern.

Zugegeben, der Blick auf den wachsenden Stapel, selbst wenn Sie den sorgsam in einer Kammer verräumt haben, bedrückt Sie. Und dieses Gefühl, soviel Unerledigtes im Rücken zu haben, erinnert Sie an nicht gemachte Schulaufgaben früher. Trotzdem überwiegt die positive Seite Ihres Verfahrens: Was man hat, hat man. Es ist jederzeit verfügbar für Sie, dieses gehortete Wissen.

Schon in der Ausbildung haben Sie nach diesem System gelebt und Skripte oder Vorträge in Kopie ordentlich abgelegt. Die Studenten, die sich noch ohne Kopierer rumschlagen mußten, das waren vielleicht arme Schweine!

Stundenlang mußten die in der Bibliothek aus Büchern abschreiben und in den Vorlesungen das notieren, was da geredet wurde.

Seit es Fotokopierer gibt, ist die wißbegierige Menscheit dieses Problem los. Und Sie wissen ihn wirklich zu schätzen, diesen eminenten Vorteil, immer, von jeder Vorlesung, von jedem Kurs, von jedem Seminar etwas nach Hause zu tragen. Da macht es nämlich nichts, wenn man, während da jemand redet, unkonzentriert ist oder müde. Es macht sogar nichts, wenn man mal nicht hinwill, weil das Wetter zu gut ist. Läßt sich ja alles nachholen.

Eben nicht, sagen grinsend diese Besserwisser vom einfachen Leben.

Und reden dann vom Informationsstau.

Sie behaupten, mit dem verhalte es sich wie mit dem Verkehrsstau auf der Autobahn: Wer mal drin stecke, komme nicht mehr raus.

Was diese komischen Vögel propagieren, ist Ihnen aber höchst suspekt: Statt Artikel zu einem Thema zu horten, sollten Sie sich dazu einfach ein aktuelles Buch kaufen und es im Urlaub oder an einem ruhigen Wochenende genüßlich im Liegestuhl lesen.

Weiß doch jeder, daß ein Buch nie so aktuell sein kann wie ein Beitrag in der Zeitung.

Auch solche Einwände grinsen die Freunde des einfachen Lebens weg.

Die vergilbten Blätter, die sich da bei Ihnen stapeln, sagen die, seien doch in den tieferen Schichten auch längst nicht mehr aktuell.

Außerdem, meinen die, würden Sie sich dann eine Menge an schnell publizierten Fehlinformationen oder Falschmeldungen sparen, die zwei Heftnummern später revidiert würden. Wie oft, fragen die – natürlich rein rhetorisch –, sei schon das absolut wirksame Mittel gegen AIDS oder Krebs entdeckt worden, und wie lange schon heiße es, in drei Jahren sei das Klonen von menschlichen Organen oder kompletten Menschen ein Kinderspiel.

Sie schwärmen davon, wie befreiend es sei, nicht alles Wissen zu verzetteln. Sie faseln von der Überwindung des Karteikartendenkens und behaupten, nichts trainiere das Gedächtnis besser, als bei einem Vortrag so konzentriert zuzuhören, als müsse man ihn nachher wiedergeben.

Ja, und wenn er fad ist?

Dann, sagen die Einfachen, gehen sie einfach raus.

Die machen es sich aber auch zu einfach.

Information führen die sich nach eigenem Bekunden auch nur in einer Form zu, die ihnen Spaß macht. Verblichene Zeitungsausschnitte verschmähen sie genauso wie Bücher, die unlesbar geschrieben sind.

Klar, daß ihnen dann wesentliche Einsichten und Ergebnisse entgehen.

Was diese Typen energisch bestreiten. Sie vertreten nämlich die reichlich freche Theorie, wenn ein Autor nicht imstande sei, seine Gedanken so zu formulieren, daß sie klar verstehbar sind, dann könne er eben auch nicht wirklich klar denken und sei es folglich nicht wert, gelesen zu werden.

Solchermaßen disqualifizierte Werke geben die ins Antiquariat, verschenken sie an Interessenten mit der Warnung, das sei aber schlecht geschrieben, oder entsorgen sie beim Papiermüll.

Zugegeben, manchmal träumen Sie auch davon, diese ganze angestaute Information los zu sein und alle diese Bücher, zu denen Sie sich wieder und wieder aufraffen, ohne sie zu Ende zu lesen. Nicht etwa, daß Sie es den Einfachheitsaposteln abnehmen, das Hirn werde sehr viel klarer ohne die Angst, etwas Wesentliches noch nicht zu kennen. Und es fördere den kreativen Denkprozeß sehr, sich nicht mit tausend, oft noch widersprüchlichen Detailinformationen zuzubaggern. Sondern bei und nach der Lektüre bereits kritisch Stellung zu beziehen. Und dann vielleicht mit Kollegen oder Freunden, die zum selben Thema etwas anderes gelesen haben, zu diskutieren. Aber diese Einfachheitsapostel behaupten ja auch, es bringe Ihnen mehr, einen van Gogh wirklich gründlich anzusehen, als zu lesen, wie dieser oder jener Kunsthistoriker das Blau und das Grün und den Pinselstrich beschreibt. Und über Kunstreisende, die immer zuerst den Kunstreiseführer aufschlagen und dann erst um sich schauen, ob das denn auch stimmt, was da steht, mokieren sich die Freunde des einfachen Lebens auch. Es sei doch viel einfacher, zuerst zu schauen, zu staunen, und dann das nachzusehen, das Fragen aufwirft.

Nein, dieses Gerede tangiert Sie nicht.

Außerdem ist Ihnen ja längst klar, was Sie davor zurückschrecken läßt, einmal den ganzen Infomüll zu entsorgen: Es ist die Angst, genau das, was Sie rausgeschmissen haben, kurz darauf zu brauchen. Und sich dann maßlos zu ärgern über die rabiate Räumaktion.

Da können diese Schwätzer gerne erzählen, Sie könnten gar nichts vermissen, weil Sie längst den Überblick verloren hätten über diesen informativen Eichhörnchenvorrat.

Das wissen Sie nun wirklich besser. Lieber zu viel als zu wenig, sagen Sie sich, das gilt doch für alle anderen Bereiche auch.

Ist ja wohl sonnenklar, daß es besser ist, den gesamten Thomas Mann, den gesamten Goethe, den gesamten Nietzsche zu haben, als nur diese lumpigen Taschenbücher aus Studienzeiten. Stimmt zwar, daß Sie in diese irgendwie hartleibigen Gesamtausgaben nie reinschauen und daß Sie, wenn überhaupt Zeit dazu sein sollte, dann meistens doch zu der verschlampten und abgefingerten Paperbackausgabe greifen. Das ist aber kein Grund, etwas gegen das systematische Aufbewahren zu unternehmen und gegen die Komplettierung gedruckten Wissensvorrates.

So haben Sie jedenfalls nie Anlaß, eine voreilige Handlung zu bereuen. Oder irgendeinem Buch oder Artikel nachzuheulen, die Sie rausgeworfen hätten. Also: Stapeln Sie bitte weiter. Sie können zur Not ja auch ein Archivzimmer dazumieten.

Ich hab mein Wochenende perfekt organisiert

Oder: Was Sie wissen müssen, um die Freizeit
weiterhin stressig zu gestalten

Feste Regeln machen das Leben einfacher. Feste Verabredungen, feste Angewohnheiten, feste Termine. Das braucht ja wohl nicht diskutiert zu werden.

Fängt damit an, daß ein eigenes Ferienhaus eben ein eigenes Ferienhaus ist, wo einen nicht ständig die Überlegung quält, ob die Vorgänger auch gut geputzt haben. Schon daß Sie genau wissen, was da ist an Ausrüstung, vom Staubsauger bis zum Fernseher, von der Mikrowelle bis zum Wäschetrockner, beruhigt sie.

Natürlich ist es ein bißchen umständlich, am letzten Tag noch vor der Abreise die Bettwäsche und die Handtücher waschen und trocknen zu müssen. Aber jeder Luxus hat seinen Preis. Sie sparen ja, verglichen mit einem gemieteten Ferienappartement oder gar einem Hotelzimmer, unglaublich viel Geld. Das dementieren diese Typen vom einfachen Leben selbstverständlich, weil sie nur die paar Wochen verrechnen, in denen sie wirklich auch da sind. Und so gesehen ist ein Hotelzimmer selbstverständlich billiger. Aber es gehört ihnen eben nicht.

Sie könnten ja theoretisch auch öfter in Ihr Feriendomizil auf Mallorca reisen, auf Ibiza oder am Gardasee, aber manchmal wollen Sie auch mal etwas Neues sehen.

Dafür, grinsen die vom einfachen Leben, hätten sie jedes Verständnis. Denn schließlich haben Sie als Rosenheimer oder Münchner Ihr Haus am Gardasee dort, wo auch die anderen Rosenheimer oder Münchner es besonders schön finden. Und auf Mallorca kennen die Insider schon die deutsche Kartographie: wo der Hamburger Hügel liegt und wo die Düsseldorfer Senke.

Wozu, fragen diese Einfachheitsapostel allen Ernstes, verreisen, wenn man eh wieder dieselben Leute trifft? Der Tegernseer Golfclub verlagere, spotten sie, seine Treffen nur von Bayern nach Florida.

Dieser Neid der Besitzlosen beeindruckt Sie nun wirklich nicht.

Das genau, sagen Sie, gibt ja so ein gutes Gefühl, das Gefühl, zu Hause zu sein und kein Fremder. Sie kommen voll durch in Ihrer Muttersprache und Sie brauchen nicht soviel Angst vor Einbrechern zu haben. Dem haben Sie ohnehin vorgebeugt: Ist ja logisch, daß Sie in so eine Ferienwohnung nichts Schönes oder Kostbares reinstellen. Schön haben Sie's ja zu Hause.

Technisch ausgerüstet sind Sie natürlich schon. Denn ohne das richtige Equipment wird das Leben zum Überlebenstraining; und diese Sorte Streß tun Sie sich nicht an.

Auch wenn Sie mal zum Picknick fahren, haben Sie alles dabei. Das Radio, den Grill, bequeme Liegen, sogar einen Fernseher, der sich am Auto anschließen läßt.

Was Ihnen auch einleuchtet, ist die Sache mit dem Wohnmobil. Diese fantastischen Autos, bis in den letzten Winkel ausgenutzt, die machen völlig frei, total mobil. Und es ist trotzdem etwas Eigenes, etwas Festes ... und deswegen nur verlagerter Alltag, lästern die Einfachheitsfreunde.

Campingplätze bezeichnen die als Wohnblock in der

Ebene, der ebensoviel Lämbelästigung durch Nachbarn biete, dafür aber deutlich schlechtere sanitäre Anlagen. Na gut, Sie sind ja auch nicht mehr so überzeugt von der Camperei. Aber dieses Wohnmobil, das ist schon eine Vision.

Das, sagen die vom einfachen Leben, sei ein möbliertes Klo und biete wie ein eigenes Ferienhaus den großen Vorteil, daß sich der Urlaub garantiert nicht von dem üblichen Dasein unterscheide. Es wird gekocht, gespült, geputzt, es werden Betten gemacht. Nur eben alles in engerem und damit unbequemerem Rahmen, angereichert durch das feine Aroma der Abgase.

Die werden schon noch erleben, was es heißt, auf Sicherheiten und sichere Termine zu pfeifen. Plötzlich stehen sie alleine da, und dann schauen sie blöde.

Sie haben Ihr Theaterabo oder Ihr Konzertabo. Natürlich ist da ziemlich viel dabei, was Sie sich nie im Leben selber ausgesucht hätten, manches sitzen Sie wirklich recht unleidig ab. Aber anders kämen Sie ja nie ins Thetaer oder ins Konzert. Sie haben auch Ihren Stammtisch oder Jour fixe, Sie sind absolut aufgehoben in der Freizeit. Im Golfclub oder im Tennnisclub oder im Squashverein.

Ob da die Gespräche interessant seien? Ob das anregend sei? Ob es Ihnen irgendwelche neuen Ideen gebe? Fragen natürlich die Einfachheitsapostel.

Als ginge es um Anregungen in der Freizeit. Vor allem geht es doch um Erfahrungsaustausch, und der findet statt. Sie wissen genau, wie der Clubfreund mit dem neuen großen Mercedes zurechtkommt oder die Bekannte aus dem Lions-Club mit dem Herd, der einen Bordcomputer hat. Solche Gespräche bringen natürlich nicht auf andere Gedanken, aber die sparen Ihnen viel Geld und Zeit. Hätten Sie sich zum Beispiel bei dem anderen Golfclub angemeldet, der den Eintrittsbeitrag nicht gewinnbringend anlegt, wäre Ihnen verdammt viel an Zinsen verlorengegangen.

Auch was die Kinder angeht, Nachhilfelehrer, Privatschulen und all das können Sie unter Gleichgesinnten bei Ihren festen Treffen wirklich mit Profit durchdiskutieren.

Und eines müssen diese vermeintlichen Experten fürs einfache Leben ja wahrhaftig zugeben: Jemand wie Sie spart sich den ganzen Aufwand mit spontanen Einladungen. Sie wissen: Wenn Sie am Donnerstag um acht dort sind, dann sind die anderen auch da.

Das genau, sagen die anderen, fänden sie geradezu bedrängend. Und erzählen diese Geschichte von einem altgedienten Junggesellen, der sich, von den Eltern überredet, endlich aufrafft, zu heiraten. Er nimmt sich sicherheitshalber eine sehr häusliche und brave Frau, eine, die nicht berufstätig ist und es daheim am schönsten findet. Und die verhält sich genau wie erwartet. Trotzdem sehen die Freunde dem jungen Ehemann schon nach einigen Wochen an, daß er völlig entnervt ist, blaß und lustlos.

Wie es denn geht, fragen sie besorgt.
   »*Ja, wenn ich daheim bin, ist sie auch daheim*«, *sagt er.*
   Ja und?
   »*Dann geh ich ins Büro, komm heim und sie ist da.*«
   Ja und?
   »*Dann geh ich zur Blauen Stunde nochmal einen trinken, komme heim und sie ist immer noch da.*«
   Ja und?
   »*Dann geh ich in den Club zum Essen und wenn ich heimkomme, sitzt sie da und wartet.*«
   Ja und?
   »*Was heißt da ›Ja und?‹!*«, *erregt sich der frischgebackene Gatte.*
   »*Sie geht nicht weg und sie geht nicht weg.*«

Das bin ich ihr schuldig. Und sie vererbt mir ja mal alles

Oder: Warum Sie unangenehme Verwandtenbesuche kultivieren sollten

Im Grunde ist es ja nicht der Rede wert. Wahrscheinlich verhält sich das in allen Familien und Beziehungen genauso, nur reden die anderen nicht darüber. Außerdem kann man lernen, damit zu leben. Sie haben sich mittlerweile daran gewöhnt, daß es jedes Jahr vor Weihnachten, manchmal auch vor Geburtstagen, diese Diskussion gibt. Sie wollen zu Ihrer Mutter fahren, Ihr Partner aber kann Ihre Mutter nicht ausstehen oder hält sie jedenfalls kaum aus. Und sagt: Gut, dann fahr ich eben nicht mit.

Was heißen würde, daß Sie Weihnachten getrennt feiern – *das* Familienfest bei uns. Sie sind nun mal ein Gemütsmensch, und auch wenn Sie normalerweise nicht in die Kirche gehen, ist Weihnachten so ein Termin, den man nicht kommentarlos übergehen kann. Aber, wie gesagt, da ist das Problem mit der Mutter respektive Schwiegermutter.

Klar, Sie wären ja auch lieber allein an den paar freien Tagen, ganz gemütlich und ohne Besuch. Denn Ihnen geht Ihre Mutter (was Sie natürlich nie Ihrem Partner eingestehen würde, sonst fühlte der sich noch mehr im Recht) mehr und mehr auf den Geist. Aber das können Sie der Mutter nicht antun. Schließlich hat die Sie großgezogen und überhaupt.

Gegen einen Besuch, sagt nun Ihr Partner, habe er ja gar nichts einzuwenden, für ein paar Stunden komme er durchaus mit ihr zurecht. Aber rund um die Uhr sei es für ihn der größte Streß, und er denke gar nicht dran, sich dem dieses Jahr wieder auszusetzen.

Da gibt es eben nur zwei Lösungsmöglichkeiten: Entweder die Mutter kommt zu Ihnen – was Ihre Frau, respektive Ihr

Mann selbstredend empört ablehnt. Oder Sie kriegen den anderen rum. Meistens schaffen Sie das auch. Die Methoden der milden Erpressung – wer sie praktiziert, redet natürlich von Rhetorik oder Psychologie – beherrschen Sie schließlich. Doch dann werden Sie aufs Gemeinste bestraft, indem Ihr Partner die ganzen Tage über grantig ist und mißmutig. Das ist deswegen besonders unfair, weil Sie ja selber schon sehr dünnhäutig sind. Aber wie gesagt, allmählich haben Sie sich daran gewöhnt. Und wissen, daß es reine Illusion ist, was die Verfechter des einfachen Lebens als Alternative vorschlagen: Einen kurzen Besuch zu machen vor Weihnachten und am Abend wieder Leine zu ziehen. Mit der Erklärung, es sei nicht anders zu schaffen. Nichts, behaupten diese Einfachheitsfanatiker, glaube eine bestimmte Sorte Mütter lieber, als daß die Kinder eben alles nicht so toll auf die Reihe kriegen wie sie.

Und wenn die Mutter dann alleine rumhängt? An Weihnachten?

Dann, sagen die vom einfachen Leben, wird es Zeit, daß sie sich eine Bekannte oder einen Bekannten sucht, jemanden, der ebenfalls alleinstehend ist und ebenfalls so renitente Kinder hat. Dabei, sagen die, könnten Sie sogar durchaus behilflich sein. Noch in jedem Dorf gebe es zwei Leute, die sich was zu sagen hätten, und wenn man diesen Menschen, der drei Straßen weiter wohnt, über eine Annonce findet.

Abgesehen davon: Ihre Mutter hat ja ein, zwei Freundinnen, die da geeignet wären. Aber die sind ausgerechnet an Weihnachten belegt. Deren Familien werden nämlich genauso zum Pflichtbesuch genötigt.

Nur: einen Brauch von einem Jahr aufs andere so mir nichts dir nichts abzuschaffen, das hat was Brutales.

Findet Ihr Partner natürlich nicht, aber es ist schließlich nicht seine Mutter.

Und die Freunde des einfachen Lebens finden das auch nicht. Es sei doch viel brutaler, wenn sich alle unterm Lichterbaum angiften und Sie und Ihre Frau oder Ihr Mann sich nach den herrlichen Feiertagen jedesmal wieder mit Scheidungsgedanken trügen.

Die machen es sich wirklich einfach. Von Verantwortungsgefühl und Familiensinn nicht die Spur. Die besitzen ja auch die Frechheit, zu großen Festen niemanden von der Familie einzuladen, wenn sie aus der Familie niemanden mögen.

In die werde jeder reingeboren, ungefragt, es gebe also keinen Grund, sich ein Leben lang mit diesen zufälligen Lebensgefährten der Kindheit zu umgeben. Es sei denn, die Liebe zu ihnen wäre so groß wie die zu Freunden.

Es gibt bei diesen Einfachheitsbegeisterten sogar welche, die ganz ohne die jeweiligen Eltern geheiratet haben, von irgendwelchen Cousins und Cousinen, Tanten und Onkeln ganz zu schweigen. Nur mit Freunden haben die gefeiert, grade schön sei's gewesen, haben sie gesagt. Und der Familie, die auch noch von der Fete wußte, haben sie eben danach Karten mit einem Foto geschickt.

Wenn das nicht herzlos ist!

Diese Vögel vertreten freilich die Ansicht, es sei wesentlich herzloser, mit ungeliebten Verwandten diejenigen Menschen zu quälen, die man sich selber im erwachsenen Zustand als Gefährten ausgesucht habe.

Und erfahrungsgemäß, behaupten sie, würden Familienmitglieder und Freunde eh nie verschmelzen bei solchen Anlässen, das bleibe – von glücklichen Ausnahmen abgesehen – immer so ein Zwei-Parteien-System. Und das schade der Feststimmung gewaltig.

Und wenn Sie dann, was ja wirklich souverän ist, erklären, irgendwann erledige sich das Problem mit der alten Verwandtschaft auf biologische Weise, ganz natürlich, dann beschwören die das Schreckensbild herauf, wie Sie mit sechzig immer noch das Weihnachtsfest mit der Mutter verbringen, nur ohne Ihren Partner, weil der mittlerweile Leine gezogen hat. Und auch ohne Ihre eigenen Kinder, weil die, wie sie sagen, durch Schaden klug geworden sind.

Das sind natürlich Schreckensbilder, völlig überzeichnet. Und die sollten Sie nicht abbringen von Ihrem Weg, alle Jahre wieder...

Die anderen haben dann vielleicht keinen Zoff mit dem Partner, aber ein schlechtes Gewissen. Und das haben Sie bestimmt nicht.

DER LUXUS,
WENIGER
ZU GLAUBEN

Jeder Mensch, sagen die vom einfachen Leben, müsse, um glücklich zu sein, an irgend etwas glauben. Aber sie sagen doch wirklich und wahrhaftig, es sei letztlich egal, woran. Es müsse einfach etwas sein, das man für größer und wichtiger erachte als sich selber. Das könne die Natur sein, das müsse kein Gott oder keine Heilslehre sein. Einfach etwas, das man unter allen Umständen beschützen und verteidigen würde.

Nur damit kommt heute natürlich keiner weiter.

Es kommt doch darauf an, das Richtige zu glauben. Zeitgemäß und möglichst auch trendgemäß. Vor zehn Jahren, zum Beispiel, war man als buddhistisch angehauchter Mensch daneben, aber heute ist das mega-in. Und Zeitgeistliche wissen eben, mit welchem Glauben Sie derzeit am weitesten kommen, die sind ja schließlich auch in den Chefetagen zu Hause und coachen wichtige Manager. Lassen Sie sich also bitte nicht davon abbringen, diesen Leuten bedingungslos zu glauben, auch nicht, wenn die Gegner der Zeitgeistlichen Ihnen diese Geschichte erzählen:

Der Chojsek ärgert sich, daß alle ihn einen Dummkopf nennen. Er beschließt also, nach der Psalmen-Stelle »Gott behütet die Narren« zu prüfen, ob er wirklich einer sei.

Wenn er mich schützt, denkt der Chojsek, so beweist das, daß die Leute recht haben.

Er steigt auf das Dach seines Hauses und springt hinunter. Dabei bricht er sich Arme und Beine. Der Chojsek brüllt aus Leibeskräften. »Gott sei gelobt! Gott sei gelobt!«

Kommen die Nachbarn herbeigelaufen und fragen: »Ja was hast du denn, Chojsek, was ist dir geschehen?«

Sagt er, den Schmerz verbeißend, voller Stolz: »Oj, bin ich gescheit.«

Das halten Sie nun für ein besonders dämliches Beispiel, weit hergeholt. Und mit Ihren Schwierigkeiten hat das nicht das geringste zu tun.

Die einfach Lebenden sehen das wie üblich ganz anders und fragen, ob Sie denn noch nie etwas unternommen hätten, im festen Vorsatz, es hinterher schlecht, erfolglos und mißraten zu finden?

Sie gehen meinetwegen auf ein Fest, das jemand veranstaltet, dem Sie das nicht zutrauen. Oder Sie nehmen eine Einladung zum Essen bei Bekannten an, von denen Sie eines sicher wissen: Kochen können die nicht. Manchmal unterziehen Sie sich sogar einer Behandlung oder einer Diät, obwohl Sie von vornherein wissen, daß Ihnen das nichts bringt.

Und wenn Sie dann die Gastgeber verlassen, schlecht gelaunt, vielleicht sogar mit leichter Übelkeit, wenn Sie mit der Diät so gut wie gar nicht abgenommen haben und die Behandlung Ihnen wie alle vorher nichts gebracht hat, dann fühlen Sie sich irgendwie zufrieden. Sie hatten es ja gewußt. Leider hält dieses angenehme Gefühl nur kurz vor, dann geraten Sie in den Sog des nächsten Versuchs.

Gehen zum nächsten Arzt, der wieder nicht erkennt, was Ihnen fehlt, zum nächsten Heilpraktiker, der Ihnen genauso wenig helfen kann, wie der letzte es konnte. Oder zur nächsten Einladung bei den Bekannten, bei denen es Ihnen wieder scheußlich schmeckt und die Stimmung beschissen ist.

Die vom einfachen Leben behaupten, damit handle man sich Streß ein ohne Ende.

Ihre tapfere und beschwerdenreiche Reise von Arzt zu Arzt, von Psychotherapeut zu Psychotherapeut nennen diese Typen »Doctor-Shopping«, und sie behaupten, Ihr privates Einkassieren von Mißerfolgen funktioniere nach demselben System. Sie wollten weder gesund werden noch glücklich sein auf einem Fest, unterstellen die. Sie hungerten nach Mißerfolgen, weil Sie daraus eine Art negative Selbstbestätigung zögen.

Das ist nicht nur kompletter Blödsinn, das grenzt schon an Zynismus. Ist doch nicht Ihr Problem, wenn die Ärzte diese Hormonstörung nicht finden, die schuld sein muß daran, daß Sie nach einer Diät immer wieder zunehmen. Daß Sie den Herzfehler nicht finden, der Sie immer wieder zwingt, sich krankschreiben zu lassen (da steht dann »Vegetative Dystonie« als Diagnose, weil die nicht draufkommen, worum es sich wirklich handelt). Ist auch nicht Ihre Schuld, daß diese Psychotherapeuten samt und sonders außerstande sind, zu erkennen, daß Ihre Kollegen schuld sind daran, daß Sie sich so oft Ärger einhandeln.

Die vom einfachen Leben raten Ihnen da wirklich und wahrhaftig, sich einmal bewußt umzupolen. Sich selber positiv zu konditionieren. Sich beweisen zu wollen, daß es *doch* klappt, nicht, daß es schiefgeht. Und raten Ihnen, Sätze wie »Das hab ich geahnt« oder »Das hätte ich dir vorher sagen können« oder »Das hab ich kommen sehen« ersatzlos aus Ihrem Sprachschatz zu streichen.

Noch abstruser ist deren Theorie, es gebe da ein Feedback: Wer sich erst mal dazu bringe, zu lächeln, werde wirklich heiterer, wer sich angewöhne, oft »Danke« zu sagen, werde liebenswürdiger, und wer zu seinem Partner »Liebster« oder »Liebste« sage, liebe mehr.

Die reden dann von self fulfilling prophecy und von Selbstkonditionierung und behaupten, Sie könnten ruhig Ihrem System treubleiben, sich etwas einzureden: Es müsse nur von jetzt an etwas Schönes und Positives sein.

Gut, es stimmt, daß Sie sich selber auf den Fotos am besten gefallen (die sind leider selten), auf denen Sie lachen. Aber deswegen morgens dieses affige Theater zu machen und sich, wie diese Typen empfehlen, im Spiegel anzulächeln! Wirklich nicht. Irgendwann treffen Sie schon auf den Arzt, der Ihren schweren Herzfehler oder Ihre angeborene Hormonstörung erkennt. Dann wird alles besser.

Und bis dahin müssen Sie eben durchhalten.

Das ist mein siebtes Erfolgsseminar

Oder: Wie werde ich Abonnent bei Zeitgeistlichen?

Mit einer Meinung geben Sie sich nie zufrieden.

Das können Leute machen, die weniger kritisch und kommunikativ sind als Sie.

Aber Sie beherzigen die Idee, daß es einfach mehr bringt, mehr Meinungen zu einer Sache zu hören. Andere quasseln nur vom pluralistischen System. Sie leben es. Und finden es sogar geradezu fahrlässig, nur einen einzigen zu fragen.

Ärgerlich ist nur, daß die Meinungen oft derartig stark voneinander abweichen, daß Sie gar nicht mehr wissen, was jetzt Sache ist.

Und da fängt es dann an, mühsam, verdrießlich und nervenaufreibend zu werden, das gestehen Sie gern ein. Tröstlich nur, daß es anderen, die ähnlich weltoffen und diskussionsbereit sind, nicht besser geht, das hören Sie immer wieder. Von Bekannten, zum Beispiel, die ihre Möbel neu beziehen wollten und sich eigentlich für Braun entschieden hatten. Sie mögen Braun, fühlen sich wohl in Braun, aber sie sind natürlich informiert, daß das peinlich nach Seventies aussehen kann. Also fragen sie rum. Im Bekanntenkreis, beim Polsterer, bei einer Innenarchitektin, rufen sogar eine Bekannte an, die bei einer Interior-Zeitschrift arbeitet. Ja, und die wesentlichen Zeitschriften blättern sie natürlich auch alle durch. Denen zufolge sind zur Zeit die ganz starken Farben angesagt, mexikanisch inspiriert, bunt und leuchtend. Die Innenarchitektin dagegen rät den Ratsuchenden konsequent zu Weiß, weil einem das nicht so schnell auf die Nerven gehe. »Weiß ist einfach Weiß«, lautet ihr schlagendes Argument. Und warnt, dieses mexikanische Zeugs sei reines Augenfutter. Doch die übrigen Bekannten, gerade die mit Kindern, schreien entsetzt auf beim Gedanken an weiße Polster. Die seien doch sofort dreckig. Nie mehr könne man da Rotwein servieren. Irgendein gedecktes Muster, das sei vernünftig und praktisch. Aber diese Frau bei der Interior-Zeitschrift sagt, diese Sorte Muster seien nun wirklich das Allerletzte. Mega-out, sagt sie und mega-spießig.

Die Ratsucher sind jedenfalls gottfroh, so viele verschiedene Meinungen eingeholt zu haben.

Das Beige mit einem kaum wahrnehmbaren Muster, bei dem sie zu guter Letzt landen, gefällt ihnen zwar nicht wirklich, aber sie finden es »irgendwie okay«.

Blöde nur, daß die Interior-Frau beim ersten Besuch kreischt: »Warum habt ihr denn kein Weiß genommen?« Und die Trendsetter sich sehr wundern müssen, daß dieser Boom der Mexiko-Farben an ihnen offenbar spurlos vorbeigegangen ist. Und die Pragmatiker nur mitleidig meinen, offenbar hätten die viel Geld übrig, um diese hochempfindlichen Möbel in zwei Monaten neu zu beziehen.

Aber es war trotzdem richtig, sie alle zu fragen, sonst hätten diese Leute sich ja für Braun entschieden, und das hätte außer ihnen selbst niemandem gefallen.

Die Leute vom einfachen Leben grinsen da nur und erzählen mal wieder was.

Geht der Narr zum Weisen, weil alle ihn einen Narren nennen.

»Sag mir bitte mal eins: Wenn ich ein Gescheiter bin, warum nennen mich dann alle einen Narren?«

Sagt der Weise: »Na, wenn du selber nicht weißt, ob du ein Narr bist oder nicht, sondern auf das hörst, was die anderen sagen, dann bist du eben wirklich ein Narr.«

Solche Geschichten sind vielleicht was für Leute, die sich selber für unfehlbar halten. Heute, wo überall der Erfahrungs- und Meinungsaustausch beschworen wird, völlig fehl am Platz.

Die vom einfachen Leben sagen zwar, das habe nichts mit

Selbstherrlichkeit, nur mit Selbstsicherheit zu tun, aber darüber verfügen Sie ja.

Sie wollen nur wie Gleichgesinnte auch einfach Fehler vermeiden.

Das Outfit für diese Traumparty, zum Beispiel. Ihnen hat es spontan gefallen, auch Ihrem Freund oder Ihrer Freundin. Aber wahrscheinlich haben sie nur so getan, um sich weitere Diskussionen zu ersparem. Dann aber haben Sie diesen Bekannten gefagt, der als Stylist arbeitet. Und der hat ja aufgeschrien. Also haben Sie die Klamotte umgetauscht. Und die neue mit ihm zusammen ausgesucht. Sie fühlen sich zwar fremd darin, aber der Mann zieht Models an, der muß es echt wissen.

Im Prinzip hilft es einfach weiter, zu fragen.

Die vom einfachen Leben vertreten, wie wäre es auch anders zu erwarten, die entgegengesetzte Meinung. Und machen Märchenstunde zum Thema.

Es war einmal ein Bauer, der mit seinem Sohn auf den Markt in die Stadt wollte, um einzukaufen. Er setzt also seinen Buben, der noch klein ist und nicht sehr kräftig, auf den Esel, nimmt den Esel am Strick und zieht los. Kommt ihnen ein Greis entgegen, der schimpft den Buben: »Was bist du für ein selbstsüchtiger Nichtsnutz. Machst es dir da bequem auf dem Esel und läßt deinen armen alten Vater nebenher tappen. Schäm dich, du Rotzlöffel.«

Verdattert steigt der Sohn ab, läßt den Vater aufsitzen und führt nun selber den Esel. Da begegnen sie einer jungen Frau.

»Du alter Egoist«, fährt sie den Vater an, »hockst da gemütlich auf dem Esel und läßt dein kleines Kind sich die Hacken wundlaufen. Pfui Teufel!«

Steigt der Vater ab und geht neben dem Sohn und dem Esel her.

Kommt ihnen ein junger Mann entgegen, der höhnisch zu lachen beginnt, als er die drei sieht. »Ja, ihr werdet saubere Geschäfte machen in der Stadt, wenn ihr so blöd seid, ein Reittier zu kaufen und dann nebenher zu latschen.«

Zuviel fragen, schließen daraus die vom einfachen Leben, mache das Leben nur schwieriger, nicht einfacher. Denn wer nicht vorher schon ungefähr wisse, worauf's hinaus soll, wisse es danach erst recht nicht.

Und wer es vorher ganz genau weiß, den fragen die Einfachheitsapostel frech: »Warum fragen Sie dann? Dann sind Ihre Fragen doch gar nicht echt gemeint, sondern rein rhetorisch! Dann benutzen Sie die Menschen ringsum doch nur als Bestätigungsautomaten. Die sollen eine Affirmation zu dem liefern, was Sie ohnehin zu machen gedenken.«

Das ist wie üblich gemein. Aber diese Einfachheitsapostel halten ja auch die Arbeit aller Meinungsforscher, sogar von namhaften Instituten, für reines Blendwerk, das nur dazu diene, Botschaften zu untermauern, die irgendwelche Institutsleiter oder diejenigen, die das Projekt finanzieren, gern unters Volk bringen wollen.

Wenn jemand in einer großen Runde, etwa nach einem Vortrag, fragt, und zwar zu einem Punkt, den kaum einer verstanden hat, dann sei das ein Indiz für Courage und Intelligenz, sagen die Einfachheitsapostel. Aber das sei leider selten, gerade im Wissenschaftsbereich.

Dem müssen Sie aus leidvoller Erfahrung beipflichten. Da redete einer umfassend über ein Thema, und dann heißt es nach eineinhalb Stunden: »Wer hat noch eine Frage dazu?«

Prompt steht einer im Saal auf, sagt, er habe da eine ganz wichtige Frage, greift in die Jackettasche und zieht einen Zettel heraus. Dessen Größe beunruhigt bereits die übrigen Zuhörer. Und dann verliest er das, was er als Kollege zu diesem Thema losgeworden wäre, hätte man nicht infamerweise jemand anderen ans Rednerpult gestellt.

Fragen aus echtem Interesse an der Wahrheitsfindung oder daran, ein Korrektiv für die eigenen Meinungen und Urteile zu haben, seien seltener als ehrliche Politiker, behaupten die vom einfachen Leben. Und die übliche Fragerei mache allen nur das Leben schwer.

Das, behaupten die Einfachen, belege ein Stück, das nahezu täglich in den privaten Haushalten aufgeführt werde und dem einfachen Leben gründlich im Wege stehe.

Es ist zwanzig vor acht. Um acht sind die beiden eingeladen.
»Schatz, welches Kleid soll ich anziehen, das schwarze oder das rote?«
Er, schon ausgehfertig, schaut nervös auf die Uhr.
»Mir egal, Mausi.«
Sie: »Jetzt sag doch. Ich such dir schließlich auch immer die Krawatten aus.«
Er, nervöser: »Okay, nimm das schwarze.«
Sie: »Das rote ist dir wohl zu aufregend, oder?«
Er, noch nervöser: »Aufreizender wäre richtiger. Du mußt ja nicht jedem deinen Busen bis zu den Brustwarzen zeigen.«
Sie: »Bei anderen Frauen findest du . . .«
Er, gereizt: »Gut, dann zieh eben das verdammte rote an, aber beeil dich.«
Sie, schmelzend: »Och Schatz, sei nicht sauer. Ich kann ja auch das dunkelblaue nehmen. Das gefällt dir doch immer so gut.«
Er, säuerlich: »Bitte sehr, dann nimm eben dieses blöde dunkelblaue.«
Sie: »Seit wann findest du das denn jetzt blöd? Bei dir kennt sich wirklich keiner aus.«
Er schnauft derart hörbar und wütend, daß sie sich beeilt und zwei Minuten später im roten Kleid dasteht.
Er: »Sag mal, warum fragst du mich eigentlich?«
Sie: »Weil es vor allem dir gefallen soll, was ich anhabe.«

Dieser meistgespielte Einakter für zwei Personen gilt zwar nach wie vor in dieser Rollenverteilung als klassisch, wird aber im Zeichen der Gleichstellung mindestens ebenso oft in umgekehrter Besetzung und entsprechender Textvariation aufgeführt.

Und die Leute vom einfachen Leben behaupten, dieses

Stück sei, auch wenn es Außenstehende vielleicht amüsant finden, ebenso unnötig wie erschwerend.

Sie empfehlen und praktizieren als Antwort auf diese Fragen das gleichmütig gebetsmühlenhaft gemurmelte »Schatzdirstehtallesgut«. Und raten dem Frager, sich zu fragen, warum er fragt. Denn diese Frage bringt wirklich weiter und auf das Grundproblem: Wenn hinter Fragen die absolute Unsicherheit steht, wäre es besser, erst mal an der zu arbeiten. Sich alleine vor dem Spiegel die Frage zu stellen: Worin sehe ich beschissen, worin sehe ich erträglich, vulgär, sexy, fett, elegant oder einfach gut aus?

Eine Methode, die sich leicht auf andere Bereiche übertragen läßt, für die meisten in dieser Lage aber völlig überflüssig ist, denn Frauen und Männer von heute sind, wie Sie ja auch, immer selbstsicher und selbstkritisch.

Üblicherweise aber steht hinter Fragen das Absicherungsdenken, eine klassische deutsche Tugend, der die Allianz viel Geld verdankt. Die Devise heißt: Wenn's schief geht, nicht ankommt oder negativ aufgenommen wird, dann bin ja nicht ich schuld, sondern mein Ratgeber ist es.

Und dieses Denken darf man sich nicht madig machen lassen.

Das einzige Motiv für die Fragerei, das auch bei Zeitgeistlichen als bedenklich gilt und therapeutisch behandelt werden sollte, ist Entscheidungsunfähigkeit. Denn das demonstrieren ja viele Führungsgestalten in diesem Land: Ja oder Nein sagen, und zwar sofort und kategorisch, macht das Leben einfacher. Nicht das der anderen, aber das eigene und darauf kommt es an. Und wenn die Entscheidung sich als absoluter Blödsinn erweisen sollte, bedient man sich eben Konrad Adenauers Sentenz: »Keiner kann mich daran hindern, jeden Tag klüger zu werden.«

Die vom einfachen Leben behaupten freilich, viel einfacher sei es, von vornherein andere weniger zu fragen und sich selber umso mehr.

Das, sagen sie, koste zwar etwas Überwindung, spare aber jede Menge Nerven, Geplänkel, Enttäuschungen und Kränkungen.

Doch Ihnen mit solchem Geunke Ihre Lust an der Kommunikation verderben zu wollen, ist selbstverständlich müßig.

Das lasse ich mir was kosten. Denn dadurch wird sich mein Leben komplett ändern

Oder: Wie Sie es schaffen, weiterhin
die Lebensverbesserer zu bewundern

Geheimrezepte sind etwas Praktisches. Für den, der sie verkauft.

Denn sie vermitteln das Gefühl, damit wären Probleme schnell und mühelos zu beseitigen.

Zeitgeistliche wissen vor allem eins: Das, was sie als Geheimrezept losschlagen, muß unlogisch oder unmöglich klingen, unwahrscheinlich jedenfalls, denn nur so hat es die Aura des Wundermittels. Klänge es plausibel, hätte es diese Aura nicht. Und keiner wäre scharf drauf. Auf diese schlaue Idee sind sie allerdings nicht von alleine gekommen. Die ist, wie viele wirklich geniale Ideen, jüdisch.

Im Zugabteil eines D-Zugs von Warschau nach Berlin anfangs der 30er Jahre sitzen ein vornehm angezogener Deutscher und ein bärtiger polnischer Jude im Kaftan.

Kaum fährt der Zug an, zieht der Jude ein Päckchen mit Räucherfischen heraus und fängt an zu essen. Nachdem er aufgegessen hat, packt er die übriggebliebenen Fischköpfe wieder säuberlich ein.

Fangen die beiden an zu reden und der Deutsche fragt: »Wie kommt es eigentlich, daß die Juden so gescheit sind?«

Der Jude will, trotz allen Drängens, darauf nicht antworten. Schließlich bietet ihm der Deutsche 100 Reichsmark an, wenn er es verrät.

»Schauen Sie«, sagt der Jude, »ich hab die beiden Fischköpfe aufgehoben. Und darin liegt das Geheimnis. Wir essen die nämlich, wenn keiner zuschaut, auf. Und das Gehirn von den Fischen wirkt sich vermehrend aus auf unser Gehirn. Daher kommt unsere große Überlegenheit.«

Der Deutsche gibt ihm die 100 Reichsmark. Sagt der Jude: »Und weil Sie so großzügig sind, schenk' ich Ihnen jetzt diese beiden Fischköpfe, dann können Sie gleich anfangen mit der Gehirnkur.«

Der Deutsche nimmt sie und beginnt sofort, die Fischköpfe zu essen. Kaut darauf rum, graust sich und plötzlich dämmert ihm was. Er schreit den Juden an: »Das kann doch überhaupt keine Wirkung haben. Sie haben mich betrogen.«

Sagt der Jude: »Sehen Sie, es wirkt schon.«

Weniger gewitzte Zeitgeistliche kommen natürlich nicht auf solche Ideen. Die machen es sich einfacher. Sie geben Geheimrezepte ab, ohne Angabe über Wirkung und Risiken. Denn ist das Rezept erst mal bezahlt, kümmert sie der Rest nicht mehr. Ähnliches erlebt ja jeder Mensch, der in einem großen Verbrauchermarkt einen Computer kauft. Engagiert kümmert sich der Verkäufer um den Kunden. Kaum hat er das Gerät geblecht, erlischt das Interesse schlagartig. Leider kommunizieren verärgerte Computerkäufer nicht miteinander und können sich deswegen nicht warnen.

Die Anhänger eines Zeitgeistlichen tun das erst recht nicht. Und das ist klug so, denn wenn das siebte Erfolgsseminar wieder mal keinen Erfolg gebracht hat, könnten Sie natürlich überall rumerzählen, dieser Seminarveranstalter sei ein Schwätzer, der einem nur das Geld aus der Tasche ziehe. Aber dann lacht Sie natürlich jeder aus, daß Sie auf so einen reingefallen sind. Und wer wird schon gern ausgelacht.

Das ist wie beim Lifting: Wenn die Gelifteten zugeben, daß

es, im Rückblick betrachtet, keineswegs gebracht hat, was sie erwartet haben, kriegen sie den Spott zum Schaden. Lieber lassen sie sich also klammheimlich beim nächsten Beauty-Chirurgen nachbessern.

Es ist nur schlau von Erfolgssuchern, wenn sie Mißerfolge verschweigen. Auch wenn diejenigen, die einfach leben, behaupten, es bringe viel mehr, bereits nach dem ersten erfolglosen Erfolgsseminar oder dem ersten mißratenen schönheitschirurgischen Eingriff allen davon zu erzählen. Weil man sich damit selber den Rückweg zum Zeitgeistlichen versperre oder zum nächsten Operateur. Aber diese Typen vom einfachen Leben sind ja auch sicher, es erleichtere das Dasein ungemein, sich jede Sorte Lebensverbesserer vom Hals zu schaffen oder von vornherein von der Backe zu halten.

Sie sehen das natürlich anders. Schließlich sind Sie überzeugt, daß hinter Erfolg immer, wirklich immer, ein Trick steht. Man muß nur draufkommen.

Die vom einfachen Leben behaupten zwar, wer so denke, sei geradezu prädestiniert, das Opfer eines Zeitgeistlichen zu werden. Aber die mißtrauen eben allen Patentrezepten. Denn jedes »Patentrezept« verspreche dasselbe: Es sei praktisch, billig und sensationell erfolgreich.

Und so etwas, sagen die vom einfachen Leben, sei immer Humbug. Sonst wäre das Patentrezept nämlich längst patentiert und kostenpflichtig.

Das einfachste Mittel gegen Patentrezepte ist ihrer Ansicht nach gesundes Mißtrauen.

Zwei hinterwäldlerische Farmer treffen sich. Fragt der eine:
»Du, als dein Pferd krank war, was hast du ihm da gegeben?«
Sagt der andere: »Terpentin.«
Zwei Wochen später treffen sie sich wieder. Sagt der eine: »Du hast mir doch gesagt, du hättest deinem kranken Pferd Terpentin gegeben. Ich hab meinem auch welches gegeben, aber es ist dran gestorben.«
Sagt der andere: »Meins auch.«

Was soll daraus bitte für ein Nutzen zu ziehen sein?

Ganz einfach, sagen die Freunde des einfachen Lebens: Daraus folgert, daß man niemals in Wundergläubigkeit verfallen dürfe. Es gebe zwar oft Methoden, die rational nicht erklärbar seien und trotzdem helfen. Oft fände erst eine spätere Generation die fachliche Begründung. Aber sie behaupten, wenn jemand sehr ominöse Methoden propagiere, sei die Frage danach, wie das nun bitte wirken solle, nicht nur berechtigt, sondern lebensnotwendig. Und je aufwendiger die wunderbaren Methoden sind, die da gepriesen werden, desto größer müsse das Mißtrauen sein. Vor vielen Scharlatanen, behaupten sie, warne eine Alarmanlage, die es gratis gibt: der Instinkt. Den zu mobilisieren, sagen die vom einfachen Leben, erspare sehr viel Ärger und Enttäuschungen.

Gerade zeitgeistliche Hirten versuchen, diesen Instinkt lahmzulegen und ihre Schafe mit technischem Brimborium zu überrumpeln. Und wer nach ausgeklügelter Beschallung durch bestimmte Klänge auf einem Schaffell hockt mit der Brain-Machine am Kopf und danach im Satori-Tank dümpelt, also ganzkörperlich eingelegt in Salzwasser bei absoluter Dunkelheit, dem schwinden allmählich die Widerspruchskräfte. Und das ist ganz im zeitgeistlichen Sinn.

Die vom einfachen Leben sagen daher, nichts vereinfache das Leben mehr, als alle Lebensverbesserer gar nicht erst einzulassen.

Ich glaube nicht an Astrologie, denn ich bin Stier, und Stiere sind skeptisch

Oder: Wie Sie an Überzeugungen festhalten, von denen Sie nicht überzeugt sind

Manchmal wundern Sie sich, wie heftig Astrologen daran arbeiten, die Fundiertheit und Ernsthaftigkeit ihrer Lehre zu beweisen.

Da legen sie sich sogar mit Astronomen an, obwohl die in ihren Augen soviel von den Sternen verstehen wie ein Eunuch vom Kinderzeugen. Aber mit daran schuld sind alle, die nicht bereit sind, so richtige Überzeugungstäter zu werden, in deren halbgläubigem Auge noch immer dieses leichte Mißtrauen glimmt, das alle Überzeugten wepsig macht.

Da geht es Wünschelrutengängern wie I-Ging-Experten, Tarot-Kartenlegern wie homöopathischen Ärzten, da geht es Feng-Shui-Missionaren wie denen, die an die wunderbare Kraft heilender Steine, Öle oder Düfte glauben.

»Eine Sache, die keiner glaubt«, hat George Bernard Shaw gesagt, »kann nicht oft genug bewiesen werden.«

Und diese Lage, zwischen Beweislage rechts und Beweislage links, ist mittlerweile die übliche Bewußtseinslage in der zivilisierten Welt. Sie ist zwar so ungemütlich wie eine Besucherritze, aber trotzdem ziehen die meisten diese

Befindlichkeit der Entscheidung vor, ganz und gar in das rechte oder linke, das gläubige oder ungläubige, das esoterische oder skeptische Lager überzuwechseln. Der rationale Magen knurrt vor Hunger nach Beweisen. Und das Herz dürstet nur nach Wundern.

Das ist für Heilsverkünder eine günstige Situation.

Sitzen zwei Männer im Eisenbahnabteil und machen sich miteinander bekannt. Der eine sagt, er sei Geschäftsmann. Der andere gibt als Beruf Handleser an und bietet dem Geschäftsmann an, für 20 Mark dessen Gedanken und Vorhaben aus der Hand zu lesen. Der Geschäftsmann schlägt ein. Lange studiert der Handleser die Handlinien des anderen. Schließlich sagt er: »Sie fahren nach Hause, um Bankrott anzumelden.«

Der Geschäftsmann gibt ihm die 20 Mark. Sagt der Handleser zufrieden: »Also habe ich richtig gelesen, was?«

Sagt der Geschäftsmann: »Nein, aber auf eine gute Idee haben Sie mich gebracht.«

Dieser Umgang mit Wahrsagetechniken gefällt zwar den meisten Wahrsagern nicht, ist aber durchaus probat. Nach Meinung der Leute vom einfachen Leben jedenfalls.

Aber die glauben ja auch nicht wirklich an Astrologie und lesen trotzdem das Tageshoroskop in der Zeitung. Allerdings erst am Abend oder am Morgen danach. Viele lassen sich auch von einem erfahrenen Astrologen ein Horoskop erstellen, obwohl sie nicht im geringsten an die Macht der Sterne glauben (nach einem Gespräch mit einem Astronomen ist das auch schwer möglich). Das ist in Ihren Augen nun wirklich pervers, in deren Augen keineswegs. Denn diese Typen erklären: Sie glaubten an die Macht und Kraft der Erfahrung. Und stellen dann ganz open minded fest, wer sehr viel Menschenkenntnis besitze, brauche eben ein Vehikel, um die zu transportieren. Und dafür sei Astrologie durchaus geeignet. Aber auch I-Ging oder Tarot.

Also da sind Sie nun anderer Meinung. Entweder ist man 200%ig dabei oder nicht. Die vom einfachen Leben behaupten, die Stärke der Überzeugung sei nun mal kein Beweis für ihre Glaubwürdigkeit. Außerdem, behaupten sie, seien Überzeugungstäter der ergrimmten Sorte Leute, die für mehr Zoff sorgen, nicht für mehr Zufriedenheit, geschweige denn mehr Friedlichkeit und Einfachheit.

Begeistert zitieren sie Nietzsche, der der Ansicht war: »Es ist nicht der Kampf der Meinungen, welcher die Geschichte so gewalttätig gemacht hat, sondern der Kampf des Glaubens an Meinungen, das heißt der Überzeugungen.«

Die vom einfachen Leben behaupten, es mache Sinn, sich mit Überzeugungen zu beschäftigen, aber nicht, sie überzuziehen.

Denn das löse eine hektische Umkleideaktion aus, der kaum mehr zu entrinnen sei, weil gerade Überzeugungstäter oft mit sehr viel Überzeugung ihre gestrige Überzeugung morgen schon zum Irrtum erklären.

Diese Einfachheitsfreunde geben sogar allen Ernstes den Tip, sich von denen, die einfach nicht locker lassen, zum Schein überzeugen zu lassen. Und kaum sind die weg, das Ganze wieder abzulegen.

Sie finden solche Reden windig und feige. Und das spricht für Ihre Überzeugung. Auch wenn das Ihr Leben ganz schön schwierig macht.

KONZENTRAT
DES
EINFACHEN
LEBENS

50 Tips für die bessere Verdauung des alltäglichen Lebens, garantiert ironiebereinigt und schadstofffrei, zur mehrmaligen Einnahme geeignet

Sollten Sie das ganze Buch gefressen haben, nehmen Sie dieses Konzentrat zur besseren Bekömmlichkeit zu sich. Sollten Sie als Ironie-Allergiker das Buch überschlagen haben, nehmen Sie nur diese hochkonzentrierte Dosis unverdünnt zu sich.

☐ Verbringen Sie 1 Tag pro Woche ohne Radio, Fernseher, Video, Internet-Surfen oder Computerarbeit. Und betreten Sie an diesem Tag kein Lokal oder Geschäft mit Musikgedudel.

☐ Machen Sie nie mehr eine Schlankheitsdiät, sondern leben Sie ab heute so, daß keine nötig wird.

☐ Nötigen Sie sich nicht zu einer Sportart, die Ihnen zuwider ist, denn die halten Sie nicht durch. Fahren Sie Rad, schwimmen Sie, gehen Sie flott spazieren, machen Sie Yoga-Übungen oder tanzen Tango.

☐ Treten Sie keinem (weiteren) Verein bei, und fangen Sie gar nicht erst an, an Jours fixes teilzunehmen.

☐ Wenn Ihnen was dran liegt, unabhängig zu bleiben, widerstehen Sie der Versuchung, sich ein Haustier zuzulegen; kaufen Sie keine Katze, keinen Hund, Hamster oder Vogel.

☐ Entdecken Sie, wie sehr Monogamie das Leben vereinfachen kann. Suchen Sie sich einen Partner, bei dem Treue Spaß macht. Haben Sie einen, bei dem Treue anstrengt, steigen Sie aus.

☐ Setzen Sie sich einmal in der Woche irgendwohin, wo Ihr Blick ins Leere geht. Auf eine leere Wand, eine menschenleere Landschaft oder das menschenleere Meer. Und lassen Sie die Gedanken kommen. Und zwar alle.

☐ Schreiben Sie Ihr Lebensmotto auf und kleben den Zettel an einen Platz, den Sie täglich sehen. Das kann Kants Kategorischer Imperativ sein oder ein Spruch von Laotse.

☐ Lesen Sie im Urlaub keine Zeitungen, keine Zeitschriften, hören und sehen Sie keine Nachrichten. Es sei denn, Sie wären Journalist.

☐ Retten und bekehren Sie niemanden, der Sie nicht ausdrücklich darum bittet. Und versuchen Sie auch nicht unaufgefordert, Ehen zu retten.

☐ Denken Sie jeden Morgen darüber nach, daß es Ihr letzter sein könnte. Und empfinden Sie das nicht als tragisch, sondern als selbstverständlich.

☐ Geben Sie die Vorstellung auf, Gäste zu haben sei nervenaufreibend. Lernen Sie einfach, sich mit Käse und Wein gut auszukennen.

☐ Werden Sie produktbewußt, denn das spart Geld. So fallen Sie nie mehr auf Cremes rein, bei denen Sie für den Goldrand oder das gestylte Layout 50 Mark draufzahlen.

☐ Unterdrücken Sie nicht Ihre Lust auf Fingerfood. Aber essen Sie statt einem Hot-Dog oder einem Big-Mac ein Pinzimonio (rohes, vorbereitetes Gemüse mit Dips). Oder eine Hendlkeule.

☐ Besuchen Sie keine Veranstaltungen, bloß weil es hinterher ein Gratis-Buffet gibt.

☐ Erledigen Sie Unliebsames wie Buchhaltung und Steuer nicht dann, wenn Sie für vernünftige Gedanken zu müde sind, sondern in Ihrer Hochleistungszeit. Es geht dreimal so schnell.

☐ Legen Sie sich einen Vorrat an schönen Briefkarten zu. Dann fällt Ihnen das schriftliche Bedanken leichter.

☐ Machen Sie Ihr Testament, egal, wie alt oder gesund Sie sind.

☐ Befreien Sie sich von der Idee, gesundes Essen sei das Gegenteil von Gourmandise. Trinken Sie einen erstklassigen Chardonnay zu einer Kartoffelsuppe mit Trüffelöl, nicht Selleriesaft zum Tofuburger.

☐ Schreiben Sie Wünsche von Ihren Liebsten dann auf, wenn die welche äußern.

☐ Wenn Sie als Heterosexueller einen Menschen Ihres Geschlechts auffallend schön finden, sagen Sie das. Dem Betreffenden selber oder jemand anderem. Dann verpufft der Konkurrenzneid sofort.

☐ Gehen Sie nie davon aus, Sie könnten aus einer Diskussion als 100%iger Sieger hervorgehen.

☐ Hören Sie auf mit Nachtarbeit. Was Ihnen da einfällt, wirkt nur nachts genial, morgens ist es schal. Stehen Sie lieber um 5 oder 6 Uhr auf. Die Nissl-Zellen im Gehirn sind nach 4 Stunden Schlaf wieder erneuert und Sie sind fit.

☐ Wenn schlimme Nachrichten aus der Welt Ihnen zu sehr an die Nieren gehen, hören Sie die niemals auf leeren Magen.

☐ Vermeiden Sie, daß Weihnachten oder Geburtstage überfallartig über Sie hereinbrechen.

☐ Hören Sie auf, Magermilchjoghurt zu essen.

☐ Gehen Sie zum Kleidereinkauf nicht dann, wenn Sie besonders gut aussehen und zurechtgemacht sind, sondern wenn Sie eher müde wirken und weitgehend ungeschminkt sind. Was Ihnen dann steht, steht Ihnen wirklich.

☐ Wer immer ein paar Geschenke vorrätig hat, kommt nie in die Verlegenheit, Wanderbonbonnièren zu überreichen. Geeignet: bestes Olivenöl, guter Wein, Champagner, ausgezeichnete Marmelade oder Honig.

☐ Gönnen Sie sich die Erfahrung, daß vegetarisches Essen lustvoll ist. Meiden Sie vegetarische Lokale und essen Sie fleischfrei bei einem guten Italiener oder Inder.

☐ Ersetzen Sie am Wochenende das Fernsehen nach dem Abendessen durch einen Kinobesuch vor dem Abendessen. Um 17 Uhr sind alle Kinos so leer wie Ihr Magen.

☐ Vergessen Sie die Idee, man müsse sich unbedingt Problemfilme ansehen.

☐ Kaufen Sie sich einen Lachsack. Und lassen Sie ihn dort lachen, wo es tierisch ernst zugeht und Sie eigentlich nicht mehr eingeladen werden wollen.

☐ Verabschieden Sie sich von Listen. Von Bestsellerlisten, In- und Outlisten und Erledigungslisten. Die einzig sinnvolle ist die Einkaufsliste.

☐ Werden Sie Stammkunde. Beim Gemüse- und beim Käsehändler, beim Klamotten-und beim Schuhladen, bei der Buchhandlung und dem Bürobedarf. Und auch dort, wo Sie Unterwäsche kaufen. Dann macht ein Umtausch nie Ärger, eine Reklamation keine Schwierigkeiten und ein liegengelassener Geldbeutel keine Sorgen.

☐ Nehmen Sie auf Behörden und in Arztpraxen, wo längere Wartezeiten üblich sind, einen ausgezeichneten Krimi mit. Der packt Sie besser als fiebrig durchgeblätterte Zeitschriften.

☐ Lernen Sie, 3 Suppen, 3 Vorspeisen, 3 Hauptspeisen und 3 Desserts perfekt zu kochen. Dann kommen Sie ohne Streß und Kochbuch über alle Gästerunden.

☐ Werden Sie kein Heimwerker und hindern Sie Ihren Lebensgefährten daran, einer zu werden.

☐ Wenn ein Film oder Vortrag Sie ermüdet, nervt oder anekelt, stehen Sie auf und gehen Sie, selbst wenn Sie in der ersten Reihe sitzen. Nach den ersten Übungen macht das keine Schwierigkeiten mehr.

☐ Suchen Sie sich Ärzte aus, die leicht erreichbar sind und angenehme Praxen haben. Nur dann gehen Sie regelmäßig zum Zahnarzt und zur Krebsvorsorge.

☐ Landen Sie in einem Hotelzimmer, das Sie krank macht mit seiner Scheußlichkeit oder dem Lärm, verlangen Sie sofort ein besseres. Es gibt immer und überall ein besseres Zimmer.

☐ Essen Sie möglichst nicht alleine, und reden Sie beim Essen nie über etwas Unangenehmes.

☐ Trainieren Sie Ihre schnelle Leitung. Wer einen Witz zuerst versteht, hat Zeit, so zu tun, als hätte er ihn nicht kapiert.

☐ Vergegenwärtigen Sie sich beim Zeitunglesen, wie kalt

und einsam es auf dem Gipfel ist, auch auf dem des Erfolges. Dann schwindet Ihr Neid auf die Stars.

☐ Befreien Sie sich von übertriebenem Hygienedenken, im praktischen wie im geistigen Leben. Den wirklich gefährlichen Dreck sieht man nicht.

☐ Kaufen Sie kein Gepäck, bei dem der Kunststoff nur durch die aufgedruckten Initialen teuer wird.

☐ Reden Sie über abwesende Freunde nur das, was Sie in deren Anwesenheit auch sagen würden. Andernfalls quält Sie von da an der Gedanke, die könnten es erfahren und übelnehmen.

☐ Zelebrieren Sie mit Freunden oder Ihrem Liebsten ein ausgedehntes Sonntagmittagessen, anstatt sich den Genuß zu verkneifen und den Frust mit diversen kalorienschweren Trosthäppchen zu dämpfen.

☐ Spielen Sie nie mehr die Opferrolle. Hören Sie auf, darüber nachzudenken, welches Stück auf der Platte das Kleinste oder das weniger Schöne ist. Nehmen Sie sich, was Sie anmacht.

☐ Lernen Sie nicht nur geben, sondern annehmen. Auch, was Hilfsangebote betrifft.